AF591626

GÉOGRAPHIE HISTORIQUE

DES ÉTABLISSEMENTS
DE L'ORDRE DE SAINT-FRANÇOIS
EN TOURAINE

(OUEST DE LA FRANCE)

DU XIIIe AU XIXe SIÈCLE

PAR

HENRI LEMAÎTRE

PARIS (V^e^)

LIBRAIRIE PHILOSOPHIQUE J. VRIN

6, PLACE DE LA SORBONNE

1929

GÉOGRAPHIE HISTORIQUE

DES ÉTABLISSEMENTS

DE L'ORDRE DE SAINT FRANÇOIS

EN TOURAINE

(OUEST DE LA FRANCE)

DU XIIIe AU XIXe SIÈCLE

De même que l'Aquitaine et la Bourgogne, la province de Touraine fut érigée au chapitre général de Rome, au début de novembre 1239. Néanmoins elle n'entra en plein exercice que dans le courant de l'année suivante, en 1240. Les limites entre ces nouvelles provinces ne furent pas aussitôt tracées définitivement. Ainsi le couvent de Saint-Jean-d'Angély (1) appartenait encore à l'Aquitaine en 1247; il ne vint à la Touraine que plus tard. La première mention, jusqu'ici connue, de la province de Touraine, n'est pas antérieure à 1263. Elle figure sur une liste des provinces franciscaines à l'usage des scribes de la chancellerie romaine, dans un registre d'Urbain IV (2), à la date de 1263. Un manuscrit de Londres (3), rédigé entre 1263 et 1270, assigne cinq custodies et trente-trois couvents à cette province.

(1) SBARALEA, *Bullarium franciscanum*, Rome, 1759, t. I, n° 219.

(2) G. GOLUBOVICH, O. F. M. *Biblioteca bio-bibliografica della Terra Santa*... Quaracchi, 1913, t. II, p. 239.

(3) ID., p. 241. — A la même date la province d'Aquitaine comptait huit custodies et soixante couvents ; celle de Bourgogne comptait cinq custodies et vingt-sept couvents.

I

PROVINCE DE TOURAINE

I. *Custodie d'Orléans.*

1. Orléans.
2. Châteaudun.
3. Le Mans.
4. Vendôme.
5. Blois.

II. *Custodie de Berry.*

6. Bourges.
7. Nevers.
8. Issoudun.
9. Angers.
10. Châteauroux.
11. Saumur.
12. Tours.
13. Loches.

III. *Custodie de Bretagne.*

14. Nantes.
15. Rennes.
16. Dinan.
17. Guingamp.
18. Quimper.
19. Vannes.
20. Bourgneuf.

IV. *Custodie de Saintonge.*

21. L'Ile-d'Oléron.
22. La Rochelle.
23. Saint-Jean-d'Angély.
24. Saintes.
25. Cognac.
26. Angoulême.
27. Barbezieux.
28. Pons.

V. *Custodie de Poitou.*

29. Niort.
30. Saint-Maixent.
31. Poitiers.
32. Châtellerault.
33. Mirebeau.
34. Loudun.
35. Parthenay.

D'après le *Provinciale* d'Eubel (1) en 1343.

ÉTAT DE LA PROVINCE DE TOURAINE EN 1587 (2).

I. *Custodie d'Orléans.*

1. Orléans.
2. Le Mans.
3. Blois.
4. Vendôme.
5. Châteaudun.

II. *Custodie de Berry.*

6. Angers.
7. Saumur.
8. Tours.
9. Loches.
10. Issoudun.
11. Bourges.
12. Vatan.
13. Montjean.

III. *Custodie de Bretagne.*

14. Nantes.
15. Bourgneuf.

(1) *Provinciale Ordinis Minorum vetustissimum*, Quaracchi, 1892, p. 15.

(2) Fr. de Gonzaga. *De origine... seraphicae religionis*, Rome, 1587, p. 667. — Entre 1343 et 1587, la Touraine avait perdu Châteauroux, Nevers et Mirebeau. Elle avait acquis Landédan, Montjean, Thouars et Vatan.

16. Landédan.
17. Rennes.
18. Vannes.
19. Dinan.
20. Guingamp.
21. Quimper.

IV. *Custodie de Poitou.*

22. Poitiers.
23. Niort.
24. Saint-Maixent.
25. Parthenay.
26. Châtellerault.
27. Loudun.
28. Thouars.

V. *Custodie de Saintonge.*

29. Angoulême.
30. Cognac.
31. Saintes.
32. La Rochelle.
33. L'Ile-d'Oléron.
34. Saint-Jean-d'Angély.
35. Barbezieux.
36. Pons.

ÉTAT DE LA PROVINCE DE TOURAINE EN 1710.

1. Angers.
2. Barbezieux.
3. Blois.
4. Bourges.
5. Bourgneuf.
6. Châteaudun.
7. Châtellerault.
8. Châteaurenauld.
9. Cognac.
10. Dinan.
11. Angoulême.
12. Landédan.
13. Guingamp.
14. Saint-Jean-d'Angély.
15. Issoudun.
16. Loches.
17. Loudun.
18. Le Mans.
19. Montjean.
20. Saint-Maixent.
21. Nantes.
22. Niort.
23. Parthenay.
24. Poitiers.
25. Pons.
26. Quimper.
27. Rennes.
28. Saumur.
29. Thouars.
30. Vannes.
31. Vatan.
32. Saintes.

D'après Hermant, *Histoire des Ordres religieux*, Rouen, 1710, p. 173.

De 1587 à 1710, la Touraine avait perdu Orléans donné aux Récollets, l'Ile-d'Oléron et La Rochelle. Les couvents de Tours et Vendôme ont dû être oubliés sur la liste, car ils reparaissent en 1771. Châteaurenaud fut acquis dans l'intervalle, de même que Saint-Brieuc non mentionné.

De 1710 à 1771, la Touraine avait perdu Châteaurenaud et Vatan passés aux Récollets, Bourges, Issoudun et Montjean supprimés en 1768 par la Commission des Réguliers, avec sept autres couvents (1) de la Touraine-Pictavienne.

Elle-même passait à l'Ordre des Frères Mineurs Conventuels avec 30 couvents et 19 de la Touraine Observante. Cette dernière était supprimée et ses couvents mélangés avec ceux de la Touraine majeure, dans de nouvelles custodies.

ÉTAT DE LA PROVINCE DE TOURAINE

I. *Custodie de Tours.*

1. Tours.
2. Angers.
3. Saumur.
4. Loches.
5. Châteaudun.
6. Les Anges.
7. Vendôme.
8. Amboise.
9. Blois.

II. *Custodie de Bretagne.*

10. Rennes.
11. Le Mans.
12. Vannes.
13. Laval.
14. Dinan.
15. Fougères.
16. Quimper.
17. Guingamp.
18. Saint-Brieuc.

III. *Custodie de Nantes.*

19. Nantes.
20. Ancenis.
21. Savenay.
22. Clisson.
23. Bourgneuf.
24. Bodelio.
25. Saint-Martin-du-Tellier.

IV. *Custodie de Poitou*

26. Poitiers.
27. Le Fougeray.
28. Châtellerault.
29. Loudun.
30. Parthenay.
31. Thouars.
32. Châteauroux.
33. Mirebeau.
34. Argenton.

V. *Custodie d'Aunis.*

35. La Rochelle.
36. Niort.
37. Fontenay-le-Comte.
38. Bressuire.
39. Cholet.
40. Les Robinières.
41. Olonne.
42. Saint-Maixent.

VI. *Custodie de Saintes.*

43. Saintes.
44. Verteuil.
45. Angoulême.
46. Saint-Jean-d'Angély.
47. Pons.
48. Cognac.
49. Barbezieux.

D'après le bref de Clément XIV (2) du 23 décembre 1771.

Il en fut ainsi jusqu'à la Révolution.

(1) Il est très possible que ces dix couvents supprimés officiellement aient subsisté en fait jusqu'à la Révolution.

(2) Archives nationales, L 941.

II

VICAIRIE DE L'OBSERVANCE ET TOURAINE PICTAVIENNE

Au milieu du XIVe siècle la plupart des couvents avaient accepté des rentes et des biens-fonds contrairement à la règle de saint François qui veut que les Frères Mineurs vivent de leur travail et, si celui ci n'est pas rémunéré, de la charité des fidèles.

Une réaction contre cet état de choses avait commencé dans la province de Touraine, antérieurement à 1388. Cette année-là, le ministre provincial, Jean Philippe, accorda le couvent de Mirebeau à plusieurs frères qui voulaient observer la rigueur de la règle. Laval et Bressuire furent fondés dans le même esprit en 1396 et 1404. Le successeur de J. Philippe s'opposa au mouvement de réforme, mais les zélateurs s'adressèrent au pape Benoît XIII qui prit leur défense et les recommanda au ministre général de son obédience, Jean Bardolin. En 1408, l'Observance fut introduite à Saint-Jean d'Angély et à Loches, pour faire droit aux réclamations des habitants, et les deux couvents de Fontenay-le-Comte et d'Olonne prirent naissance. Déjà Cholet et Bressuire avaient été érigés auparavant. De plus, sur l'ordre du pape, frère Thomas de la Cour devint vicaire général des couvents d'Observants établis dans les trois provinces de Touraine, France et Bourgogne (13 mai 1408).

Alexandre V, qui appartenait à l'Ordre des Frères Mineurs, approuva d'abord ce vicaire général et lui permit de fonder le couvent d'Amboise (septembre 1409) ; mais quinze jours après il révoquait les concessions de son prédécesseur. Après sa mort, 1410, les Observants exposèrent la situation au nouveau pape Jean XXIII qui leur rendit le vicaire général. Ce fut pour peu de temps. En 1414, le pape renouvelait le décret d'Alexandre V, tout en recommandant aux ministres provinciaux de ne pas inquiéter les zélateurs.

Les provinciaux n'en tinrent aucun compte, à tel point que de regrettables scandales se produisirent dans plusieurs couvents. Alors, voyant que le ministre général faisait la sourde oreille à leurs réclamations, deux cents Observants se présentèrent au concile de Constance, en 1415, pour lui exposer leurs plaintes et implorer son secours. Le concile leur accorda un vicaire général, Nicolas Raoul, et des vicaires provinciaux ; ce que le pape Martin V confirma en 1420.

Un projet de réforme générale de l'Ordre s'étant fait jour au chapitre général d'Assise en 1430, les Observants consentirent à abandonner leurs vicaires particuliers. Mais les mitigés se firent relever de leurs serments de réforme peu après le chapitre et, bien que ne gardant pas leurs engagements, ils voulurent obliger les Observants à rester sous leur dépendance. Ceux de France s'adressèrent en 1434 au concile de Bâle qui leur confirma les concessions de Constance (1).

Enfin, en 1443, le pape Eugène IV se rendit compte que la Communauté de l'Ordre était pour le moment irréformable ; afin qu'elle n'entravât pas les progrès de l'Observance et afin de sauvegarder en même temps l'unité de l'Ordre, il institua deux vicaires généraux, l'un pour les Cismontains, l'autre pour les Ultramontains, qui durèrent jusqu'en 1517.

Malgré la solution de continuité qui s'étend de 1430 à 1434, nous considérons la vicairie de Touraine comme établie depuis 1415 jusqu'en 1517.

ÉTAT DE LA VICAIRIE DE TOURAINE EN 1506.

1. Mirebeau.
2. Laval.
3. Châteauroux.
4. Bressuire.
5. Fontenay-le-Comte.
6. Cholet.
7. Olonne.
8. Clisson.
9. Amboise.
10. Savenay.
11. Argenton.
12. Ancenis.
13. Meung-sur-Loire.
14. Lafond.
15. Verteuil.
16. Le Fougeray.

(1) Cf. H. Holzapfel, *Manuale historiae Ordinis Minorum*, Fribourg, 1909, p. 90-107.

17. Le Croulay-Chinon.
18. Les Robinières.
19. La Baumette.
20. La Flèche.
21. Saint-Martin-de-Teillay.
22. Bodelio.
23. Cluis.
24. Notre-Dame-des-Anges.

D'après F. HUEBER. *Menologium franciscanum*, Munich, 1698, p. 143.

En 1517, la province de Touraine s'était désappropriée, grâce à l'action des Colétans, ou du moins elle avait commencé et promis de se désapproprier. Seule de toutes les provinces françaises, elle demeura dans l'Ordre avec tous ses couvents. Comme les vicairies de l'Observance avaient été élevées à la dignité de provinces, la vicairie de Touraine avait besoin de se distinguer de la province primitive du XIIIe siècle, c'est pourquoi on lui donna le nom de Touraine-Pictavienne, sans doute parce qu'elle avait pris naissance dans la custodie de Poitou.

En 1587, au rapport de François de Gonzague (1), elle comptait le même nombre de couvents qu'en 1506, sans perte ni acquisition. — Quatre autres fondations vinrent s'y adjoindre au siècle suivant : Précigné, l'Isle-Bouchard, Bellegarde et Sully-sur-Loire. Mais La Baumette et La Flèche passèrent aux Récollets.

ÉTAT DE LA PROVINCE DE TOURAINE-PICTAVIENNE

1. Amboise.
2. Les Anges
3. Ancenis.
4. Argenton.
5. Bellegarde.
6. Bodelio.
7. Bressuire.
8. Châteauroux.
9. Cholet.
10. Clisson.
11. Cluis.
12. Crolay.
13. Fontenay- e-Comte.
14. Le Fougeray.
15. L'Ile-Bouchard.
16. Laval.
17. St-Martin-du-Tellier.
18. Meung.
19. Mirebeau.
20. Les Sables-d'Olonne.
21. Précigny.
22. Les Robinières.
23. La Rochelle.
24. Savenay.
25. Sully-sur-Loire.
26. Verteuil.

D'après HERMANT, *Hist. des Ordres religieux*, Rouen, 1710, t. II, p. 171.

(1) *De origine... seraphicae religionis*, Rome, 1587, p. 685.

La Rochelle cité ici n'est autre que le couvent de Lafond détruit en 1620 et transféré dans la ville en 1631.

La Commission des Réguliers, en 1768, supprima Précigné, l'Ile-Bouchard, Bellegarde, Sully-sur-Loire, Meung-sur-Loire, Cluis, Le Croulay-Chinon. Tous les autres couvents, au nombre de dix-neuf, furent unis à ceux de la Touraine majeure, pour constituer ensemble la province des Frères Mineurs Conventuels de Touraine qui subsista jusqu'à la Révolution.

III

OBSERVANTS ET RÉCOLLETS DE BRETAGNE.

Parallèlement à la vicairie des Observants de Touraine, un groupement de zélateurs de la règle de S. François s'était constitué dans les îles maritimes de la Manche et de l'Océan, aussitôt après le concile de Constance, en 1415. Nous savons que le fondateur de cette custodie, fr. Pierre Fabri, était mort avant le 30 mars 1542 et que son successeur fr. Rolland Bordais, ou Bourdais, gouvernait neuf couvents (1). D'après Fr. de Gonzague (2) tous ces couvents demeurèrent unis jusqu'en 1472. A cette date les couvents bretons auraient reçu un custode particulier, et les autres, Chausey et Guernesey, se seraient sans doute unis à la vicairie observante de la province de France.

La liste des vicairies de l'Observance (3) en 1506 n'ayant pas donné l'état du groupement breton à cette époque, nous en sommes réduits à signaler par un autre moyen les couvents qui existaient alors sur le littoral, ou dans les îles près du littoral de Bretagne : L'Ile-Verte, Sainte-Catherine de Blavet, l'Ile-Vierge qui fonda Morlaix, Landerneau, l'Abervrac'h et fut ensuite abandonnée vers 1507, Bernon, Trélevern qui fonda Tréguier vers 1484 et fut

(1) L. Wadding, *Annales Minorum*, t. XII, p. 558.

(2) Fr. de Gonzaga, *De origine et progressu seraphicae religionis*, Rome, 1587, p. 887.

(3) F. Hueber, *Menologium franciscanum*... Munich, 1698.

abandonné à la même date, Saint-Brieuc, Pontivy, Césambre (1).

En 1484, la custodie de Bretagne obtint le titre de vicairie et, en 1517, elle fut constituée en province régulière.

ÉTAT DE LA PROVINCE DE BRETAGNE EN 1587.

1. L'Ile-Verte.
2. Bernon.
3. Ste-Catherine de Blavet.
4. Pontivy.
5. Tréguier.
6. Morlaix.
7. Saint-Brieuc.
8. Landerneau.
9. L'Abervrac'h.
10. Césambre.

D'après Fr. de GONZAGUE, *De origine*..., Rome, 1587, p. 887.

Seule de toutes les provinces observantes de France, la Bretagne passa à la réforme des Récollets, dans l'espace de cinquante ans, de 1612 à 1663. Le couvent de Saint-Brieuc refusa irréductiblement de se soumettre à ce genre de vie qu'il n'avait pas voué; isolé, il dut s'affilier à la province de Touraine en 1664.

Pendant cette période, les couvents de Lesneven et de Port-Louis avaient été fondés. Guémené, fondé en 1642, était délaissé avant 1672. Le sanctuaire du Folgoat avait été desservi, au compte des Jésuites, entre 1594 et 1733. La mission de Plaisance, dans l'île de Terre-Neuve, desservie de 1701 à 1713, avait été transférée avec sa population catholique à Louisbourg, dans l'Ile-Royale. Un second centre, Port-Orléans, signalé en 1733, n'existait plus, de même que le précédent, en 1780.

Saint-Malo, fondé en 1618, comme pied-à-terre du couvent de l'île de Césambre, passa avec ce dernier, en 1688, à la province des Récollets de la Madeleine d'Anjou.

Châtelaudren, en 1746, fut la dernière fondation des Récollets de Bretagne.

(1) Tous les renseignements concernant la province de Bretagne sont empruntés à la savante Introduction de M. MAX. COURTECUISSE, dans ses *Tables capitulaires de la province des Frères Mineurs Observants et Récollets de Bretagne*, Paris, Vrin, 1930.

ÉTAT DE LA PROVINCE DE BRETAGNE EN 1768.

1. L'Ile-Verte.	7. Tréguier.
2. Landerneau.	8. Bernon.
3. Cuburien (Morlaix).	9. Ste-Catherine de Blavet.
4. Les Anges (L'Abervrac'h).	10. Pontigny.
5. Lesneven.	11. Port-Louis.
6. Châtelaudren.	

D'après L. Lecestre, *Abbayes, Prieurés*... Paris, 1902, p. 100.

Il en fut ainsi jusqu'à la Révolution.

IV

LES RÉCOLLETS

En France, le mouvement de récollection paraît avoir commencé vers le dernier quart du XVIe siècle. On signale un couvent de récollection à Cluis (1) entre 1570 et 1579. Il ne fut pas très bien accueilli par les religieux de Touraine-Pictavienne; pourtant il existait encore le 17 août 1583, car à cette date le ministre général Fr. de Gonzague, favorable à la réforme, adressait une lettre à fr. Martin Boëri, *conventus Recollectorum de Cluys guardiano*. Néanmoins Cluis ne persévéra pas dans son austère observance, vu qu'on ne le trouve plus sur les listes de la récollection.

Ce fut le couvent de la Baumette, près d'Angers, qui devint le centre de la constitution définitive des Récollets dans les provinces du nord de la France. Le P. Jacques Garnier de Chapouin, ancien ligueur, gardien du couvent, essaya en 1595 d'introduire la réforme. N'ayant pu réussir, il alla en Italie s'inspirer de l'esprit des Frères *Riformati* et revint l'année suivante, 1596, l'implanter à la Baumette. Grâce à l'intervention du roi Henri IV, tous les obstacles furent levés (2), et en 1603 il existait une custodie des Ré-

(1) Cf. *France Franciscaine*, t. IV, 1921, p. 345, citant le P. Magistri, auteur contemporain.

(2) E. L. *Le vieil Angers, Notice sur les couvents des Frères Mineurs à Angers* (Extrait de la *Revue d'Anjou*). Angers, 1895, p. 26. — Cf. *Plaidoyer*

collets de Touraine qui marchait de pair avec deux autres custodies analogues dans les provinces de France et de France-Parisienne (1). Il ne semble pas téméraire d'insinuer que le branle vint d'Anjou, car le susdit P. Garnier de Chapouin fut élu, en 1612, premier ministre de la nouvelle province de Saint-Denys-en-France, composée de trois custodies nommées plus haut.

En 1603, la custodie de Touraine comptait les couvents de la Baumette, Beaufort, Saumur, Doué et la Ferté-Bernard (2). D'autres vinrent s'y adjoindre avant 1619, qui comme les premiers, faisaient partie de la province de Saint-Denys.

« L'an 1619, la province composée de trois custodies se trouvant trop étendue et difficile à visiter par un seul provincial, le pape donna un bref à l'instance de Louis XIII... pour en séparer les couvents de Touraine et d'Anjou et les ériger en province sous le titre de Sainte-Marie-Madeleine, ce qui fut exécuté la susdite année, d'autorité apostolique, par l'Ill^me^ archevêque de Lyon et le R. P. François de l'Eginac, commissaire général (3) ».

pour frère Jacques Garnier, dit Chappoin, gardien du couvent de la Balmette contre frère Louis Bénédicte, provincial de Touraine, s. l. n. d. [1599] cité par C. PORT, *Dict. de Maine-et-Loire*, t. II, p. 707.

(1) H. LE FEBVRE, *Hist. chronologique de la province des Récollets de Paris*... Paris, 1677, p. 36, 42. — D'après le même auteur, il y aurait eu, à la même époque, un essai de récollection dans la grande province de Touraine, à Angers et à Châteaudun (p. 36).

(2) D'après les *Annales Fléchoises* citées par les *Études franciscaines*. 1904, t. XII. p. 310. C'est la date de fondation de ces différents couvents qui nous permet de reconstituer la custodie de Touraine-Pictavienne en 1603. — Avant d'être provincial de Saint-Denys en 1612, Jacques Garnier de Chapouin signait comme custode de Touraine-Pictavienne. Cf. *Annales Minorum*. Quaracchi, 1886, t. XXV, p. 8.

(3) H. LE FEBVRE, *Hist. chronol.*, p. 40. Pour l'état de la province qui se trouve à la page suivante, voir *Ann. Min.*, t. XXV, p. 346, 592. — Le même ouvrage, p. 7, relate un acte du ministre général, du 10 juillet 1612, assignant aux Récollets le couvent de Mirebeau. Or, il ne semble pas que l'ordre ait été exécuté, car il existe du 3 octobre 1612, une « Commission donnée au gardien des Cordeliers de Saumur, par les Pères de la custodie des réformés de la province de Touraine Poitevine assemblés en chapitre, aux fins de représenter aux Pères de cette province de renoncer à l'habitation des couvents de Précigné et de Vilaines et de leur remettre celui de Mirebeau ». (Collection D. Fonteneau à Poitiers, t, XVIII, p. 231 ; copie à la Bibl. nat., mss. lat. 18393). — Le 7 mai 1615, les habitants de Mirebeau

ÉTAT DE LA PROVINCE DE LA MADELEINE EN 1619.

1. Orléans.
2. La Flèche.
3. La Baumette.
4. Beaufort.
5. Doué.
6. Saumur.
7. Vitré.
8. Fougères.
9. La Ferté-Bernard.
10. Châteaudun.
11. Château-du-Loir.
12. Nantes.
13. Tours.
14. Le Lude.
15. Durtal.
16. Angers.

Ces deux derniers n'étaient pas encore érigés en couvents formels.

Dans le cours du XVIIe et du XVIIIe siècle, cinq couvents vinrent s'adjoindre à la province de la Madeleine. D'abord Césambre qui appartenait à la province de Bretagne, avec son pied-à-terre de Saint-Malo, en 1688. Après la ruine de Césambre par les Anglais, 1693, Saint-Servan fut fondé l'année suivante. Les trois couvents d'Ainay-le-Château, Châteaurenaud et Vatan, qui avaient constitué la custodie de la Sainte-Trinité depuis environ 1643, s'affilièrent eux aussi à la province des Récollets.

ÉTAT DE LA PROVINCE DES RÉCOLLETS DE LA MADELEINE, DITE D'ORLÉANS, EN 1768.

1. Angers.
2. Beaufort.
3. Doué.
4. Durtal.
5. La Baumette.
6. La Flèche.
7. Le Lude.
8. Saumur.
9. Ainay-le-Château.
10. Vatan.
11. Châteaudun.
12. Château-du-Loir.
13. La Ferté-Bernard.
14. Nantes.
15. Orléans.
16. Fougères.
17. Vitré.
18. Saint-Malo.
19. Saint-Servan.
20. Châteaurenaud.
21. Tours.

L. LECESTRE, ***Abbayes et prieurés... d'après les papiers de la Commission des Réguliers en 1768***. Paris, 1902, p. 105.

s'opposent à l'établissement des Récollets dans leur ville (*Ibid.*, t. 18, p. 233). Nouvelle opposition, le 8 juillet 1625 (*Ibid.*, t. 18, p. 257). Le 30 juin 1626, un arrêt du Parlement de Paris déboute les Récollets des prétentions qu'ils avaient sur le couvent de Mirebeau (*Ibid.*, t. 18, p. 259).

V

CUSTODIE RÉCOLLETTE DE LA SAINTE-TRINITÉ EN TOURAINE

Nous sommes très mal renseignés sur ce groupement franciscain qui n'eut pas un siècle d'existence.

D'après le P. Holzapfel (1), la custodie aurait commencé en 1643. Elle doit être antérieure de quelques années, car elle semble visée par un arrêt de 1641 rapporté dans un factum de 1647. Les « Clémentins », dont il est question dans ce factum, ne sont autres que les Récollets approuvés par les papes Clément VII et Clément VIII.

On leur connaît, dans la province de Touraine, aux environs de 1647, les trois couvents d'Ainay-le-Château, Châteaurenaud et Vatan. Ce dernier avait dû être cédé par la province, les deux autres étaient peut-être de nouvelles fondations. Les Clémentins cherchaient à augmenter leur groupement et ils parvinrent à s'emparer temporairement du couvent de Rennes ; mais les Cordeliers ne se laissèrent pas déposséder sans résistance. L'affaire fit un bruit énorme (2) et provoqua toute une littérature juridique. En fin de compte les Clémentins furent évincés.

On peut supposer, par le sommaire des documents qui suit, que la custodie de la Sainte-Trinité connut bien des péripéties et ne fut jamais bien solidement assise.

1. « Arrest (3) du Conseil d'Estat du Roy du 10 décembre 1641, par lequel il est fait deffence ausdits Clémentins de rien changer pour la disposition du c[h]œur, fondations, chant et cérémonies accoustumées de l'Église ».

(1) *Manuale*..., p. 355.

(2) Cf. Ogée, *Dictionnaire historique de Bretagne*, 2e éd., Rennes, 1853, t. II, p. 491-493, 544, 555, 598, 599.

(3) Cité dans un factum de 4 p., intitulé : « Second deffaut obtenu par les religieux de Saint-François de Rennes, contenant les declinatoires des Clémentins... » — Se trouve dans le dossier des Récollets de Tréguier, aux Arch. dép. des Côtes-du-Nord, H.

2. GUILLOU. Sommaire Factum (1) des raisons que fournissent les PP. Cordeliers Reformez du couvent de Rennes et autres de la grande et ancienne province de Touraine... contre les Clémentins... » 1644. Bibl. nat. 4° Ld[24]. 66.

2 bis. Mémoire sur les Cordeliers de Rennes, 1644. Bibl. nat., ms. fr. 3877, fr. 303, 322.

3. » Récit véritable de ce qui s'est passé pour l'établissement de la réforme des religieux de Saint-François à Rennes. Rennes, J. Dinan, 1643. In-4° de 4 p. — (Bibliothèque de la ville de Nantes, n° 38,034).

4. « Arrêt donné au Conseil d'État du roi, la reine régente sa mère présente, par lequel est ordonné que les religieux réformés de Saint-François de la custodie de la Très-Sainte-Trinité, établie par le sieur évêque de Rennes, commissaire apostolique, qui auraient été chassés du couvent de Rennes par les Cordeliers, en sortiront et demanderont l'absolution audit sieur évêque... » 11 août 1644.

Bibl. nat. F. Actes royaux. — Pour la même affaire, voir Ld[24]. 67-70, 75-76.

5. « Factum et arrêt du Conseil d'État, entre [contre?] les Cordeliers du couvent de Saint-François de Rennes ». Rennes, 1646. In-4°.

6. « Jugement rendu par Mgr l'évesque et comte de Léon, commissaire apostolique, au profit des religieux de Saint-François de Rennes contre les Clémentins », 18 novembre 1647. In-4° de 12 p. — (Arch. dép. des Côtes-du-Nord, dossier des Récollets de Tréguier).

7. Libellus supplex, quo ex parte Custodiae Smae Trinitatis expostulatur a Sacra Regularium Congregatione executio ali quorum brevium in favorem dictae Custodiae emanatorum.

— Decretum S. Congregationis, qua expostulata in supra posito libello annuuntur. 29 nov. 1647. (*Documents français des Registres de la Famille ultramontaine*, dans *La France Franciscaine*, IV, 1921, p. 200).

8. Litterae patentes Rmi P. Joannis a Neapoli, ministri generalis, quibus custodia Smae Trinitatis provinciae Turoniae recipitur in numerum custodiarum Ordinis. 26 febr. 1648 (*Ibid.*).

9. Commissio data P. Placido Gallemand ad visitandam custodiam Smae Trinitatis in Gallia 6 junii 1650. (*Ibid.*, p. 202).

(1) Cité sans plus d'indication par le P. HOLZAPFEL, *Manuale historiae Ord. Fr. Min.*, p. 312.

10. Commissio data provinciali sive visitatori provinciae Turoniae super excessibus factis in conventu Vastinensi, custodiae Smae Trinitatis. 4 julii 1650 (*Ibid.*, p. 203).

11. Breve Alexandri VII, quo custodia Smae Trinitatis in pristino situ restituitur. 3 nov. 1665 (*Ibid.*, p. 212).

Au nom de Notre-Seigneur Jésus-Christ. Plaise à M. avoir égard aux motifs et raisons des religieux de Saint-François de la custodie réformée de la Très-Sainte-Trinité en la province de Touraine, demandeurs en l'homologation du bref donné à la légation en faveur de leur réforme, le 5 juin 1668. Contre Frère Hilaire Lorin, nommé provincial de ladite province, défendeur. (S. l. n. d.) In-4°. Pièce. — Bibl. nat. 4° Ld^{24}. 103.

13. Requête des religieux de la custodie de la Très-Sainte-Trinité, érigée en la province des Cordeliers de Touraine, aux commissaires députés par le Parlement pour examiner les réglements faits par le R. P. général de l'Ordre de Saint-François, pour la réforme des Cordeliers de France, en 1670 et 1676. — Copie, 7 f. (Bibl. Sainte-Geneviève, n° 312).

14. Éclaircissement sur les motifs et raisons des religieux réformés de la custodie de la Très-Sainte-Trinité dans la province des Cordeliers de Touraine. Contre les oppositions des Cordeliers non réformés de la même province. — (S. l. n. d.) In-4°. Pièce. Bibl. nat. 4° Ld^{24}. 104.

En 1710 les couvents de Châteaurenaud et de Vatan étaient réintégrés (depuis combien de temps?) à la province de Touraine. Quant à celui d'Ainay-le-Château, nous ignorons tout de lui à cette époque. Mais en 1768 tous les trois faisaient partie de la province des Récollets de la Madeleine.

VI

LES CAPUCINS DE TOURAINE

Quatre ans après leur arrivée d'Italie, les Frères Mineurs Capucins se propagèrent rapidement dans le centre et l'ouest de la France.

PROVINCE DE TOURAINE

Elle fut fondée en 1578 en même temps que le couvent d'Orléans (1).

ÉTAT DE LA PROVINCE DE 1578 à 1629.

1. Saint-Aignan.
2. Angers.
3. Saint-Jean-d'Angély.
4. Orléans.
5. Beaugency.
6. Bourges.
7. Blois.
8. Chinon.
9. La Châtre.
10. Châteauroux.
11. Châtellerault.
12. Issoudun.
13. Gien.
14. Angoulême.
15. Saint-Martin-de-Ré.
16. Loudun.
17. Loches.
18. Saint-Maixent.
19. Niort.
20. Nevers.
21. Parthenay.
22. Poitiers.
23. Romorantin.
24. La Rochelle.
25. Saumur.
26. Thouars.
27. Tours.
28. Vierzon.
29. Vendôme.
30. Alençon.
31. Argentan.
32. Mortagne.
33. Nogent-le-Rotrou.
34. Auray.
35. Baugé.
36. Saint-Brieuc.
37. Château-Gontier.
38. Le Mans.
39. Quimper.
40. Le Croisic.
41. Dinan.
42. L'Ermitage-Nantes.
43. Fontenay-le-Comte.
44. Guingamp.
45. Lannion.
46. Laval.
47. Luçon.
48. Saint-Malo.
49. Marans.
50. Machecoul.
51. Mayenne.
52. Morlaix.
53. Nantes.
54. Rennes.
55. Roscoff.
56. Les Sables-d'Olonne.
57. Vannes.
58. *Arasconiensis.*

En 1629 dix-huit couvents furent séparés de la province de Tours pour former celle de Bretagne, et quatre : Alençon, Argentan, Mortagne, Nogent-le-Rotrou, pour s'adjoindre à celle de Normandie.

(1) *Bullarium Capuccinorum*, t. V, p. 64-89.

ÉTAT DE LA PROVINCE (1) EN 1629.

1. Nevers.
2. Gien.
3. Orléans.
4. Beaugency.
5. Blois.
6. Vendôme.
7. Tours.
8. Saumur.
9. Angers.
10. Loches.
11. Chinon.
12. Baugé.
13. Loudun.
14. Thouars.
15. Parthenay.
16. Saint-Maixent.
17. Niort.
18. Saint-Jean-d'Angély.
19. Angoulême.
20. La Rochelle.
21. Saint-Martin-de-Ré.
22. Les Sables-d'Olonne.
23. Fontenay-le-Comte.
24. Luçon.
25. Poitiers.
26. Châtellerault.
27. Bourges.
28. Issoudun.
29. La Châtre.
30. Châteauroux.
31. Vierzon.
32. Saint-Aignan.
33. Romorantin.
34. Marans (2).

Le 1er mai 1648, furent unis à la province de Bretagne, les couvents de Baugé, La Flèche, les Sables-d'Olonne, Fontenay-le-Comte, avec les résidences de Luçon et de Marans. (La Flèche fut fondé en 1635.)

ÉTAT DE LA PROVINCE EN 1748 (3).

1. Saint-Aignan.
2. Angers.
3. Saint-Jean-d'Angély.
4. Orléans.
5. Beaugency.
6. Bourges.
7. Blois.
8. Chinon.
9. Tonnay-Charente.
10. La Châtre.
11. Châteauroux.
12. Châtellerault.
13. Civray.
14. Issoudun.
15. Gien.
16. Angoulême.
17. Saint-Martin-de-Ré.
18. Loudun.
19. Loches.
20. Saint-Maixent.
21. Melle.
22. Niort.
23. Nevers.
24. Parthenay.
25. Poitiers.
26. Romorantin.
27. Ruffec.
28. Rochefort.
29. La Rochelle.
30. Saumur.

(1) *Bull. Cap.*, t. V, p. 106.

(2) Marans n'est pas nommé dans la liste du Bullaire, mais comme ce couvent était fondé en 1626, il a dû être oublié.

(3) *Bull. Cap.*, t. V, p. 76; la liste publiée par Hermant, *Hist. des Ordres rel.*, II, 420, porte en moins Saint-Aignan, Civray et Ruffec; d'autre part, elle imprime *Meslerault* au lieu de *Melle*.

31. Thouars.
32. Tours.
33. Vierzon.
34. Vendôme.

La liste de la Commission des Réguliers (1) en 1768 porte le même nombre de couvents.

Depuis 1629 cinq couvents avaient été fondés : Ruffec, Rochefort, Melle, Civray, Tonnay-Charente.

PROVINCE DE BRETAGNE (2)

Elle fut fondée (3) le 17 mai 1629, avec dix-huit couvents séparés de celle de Touraine :

1. Nantes.
2. Machecoul.
3. Le Croisic.
4. Vannes.
5. Auray.
6. Quimper.
7. Morlaix.
8. *Arasconiensis.*
9. Lannion.
10. Guingamp.
11. Saint-Brieuc.
12. Saint-Malo.
13. Dinan.
14. Rennes
15 Laval.
16. Mayenne.
17. Le Mans.
18. Château-Gontier.

Il faut y ajouter les deux couvents de Roscoff et de l'Ermitage-Nantes fondés en 1621 et 1622, non mentionnés sur la liste du Bullaire.

Le 1er mai 1648, furent unis à la province de Bretagne, les couvents (4) de Baugé, La Flèche, les Sables-d'Olonne, Fontenay-le-Comte, avec les résidences de Luçon et de Marans, tous provenant de la province de Touraine.

De 1629 à 1748 cinq nouveaux couvents furent fondés : Audierne, Brest, Hennebont, Landerneau et Quimperlé. Celui d'*Arasconiensis* disparut.

ÉTAT DE LA PROVINCE (5) EN 1748.

1. Audierne.
2. Auray.
3. Baugé.
4. Saint-Brieuc.

(1) LECESTRE, *Abbayes...*, p. 90-91.

(2) *Bull. Cap.*, t. V, p. 102-114.

(3) *Id.*, p. 106.

(4) *Id.*, p. 76.

(5) *Bull. Cap.*, t. V, p. 395; la liste publiée par HERMANT, *Hist. des Ordres religieux*, II, 444, donne les mêmes couvents, moins Brest, mais avec en plus Lisbonne en Portugal.

5. Brest.
6. Château-Gontier.
7. Le Mans.
8. Quimper.
9. Le Croisic.
10. Dinan.
11. L'Ermitage-Nantes.
12. La Flèche.
13. Fontenay-le-Comte.
14. Guingamp.
15. Hennebont.
16. Landerneau.
17. Lannion.
18. Laval.
19. Luçon.
20. Saint-Malo.
21. Marans.
22. Machecoul.
23. Mayenne.
24. Morlaix.
25. Nantes.
26. Quimperlé.
27. Rennes.
28. Roscoff.
29. Les Sables-d'Olonne.
30. Vannes.

La liste de la Commission des Réguliers (1) en 1768 porte le même nombre de couvents.

VII

MONIALES DE TOURAINE

ÉTAT DES CLARISSES DE LA PROVINCE MAJEURE DE TOURAINE EN 1587.

A la suite des couvents de Frères Mineurs existant en 1587, Fr. de Gonzague, dans son *De origine* maintes fois cité, énumère (p. 666), six monastères de Clarisses, et encore le dernier est-il aliéné par les protestants.

1. La Guiche.
2. Bourges.
3. Decise.
4. Nantes.
5. Dinan.
6. La Rochelle.

ÉTAT DES MONASTÈRES RELEVANT DE LA MÊME PROVINCE EN 1710.

1. La Guiche.
2. Bourges.
3. Decise.
4. Nantes.
5. Oiron.
6. Thouars.
7. La Trimouille.
8. Dinan.

D'après HERMANT, *Histoire des ordres religieux*, Rouen, 1710, t. II, p. 175.

(1) LECESTRE, *Abbayes*..., p. 92-93.

ÉTAT DES MONASTÈRES DE LA PROVINCE DE TOURAINE-PICTAVIENNE EN 1587.

1. Bourges (Annonciades).
2. Laval (Clarisses).
3. Châteaugontier (Tiercelines).
4. Champigny (Tiercelines).

D'après Fr. de GONZAGUE, p. 695.

ÉTAT DES MONASTÈRES DE LA MÊME PROVINCE EN 1710.

1. Bourges (Annonc.).
2. Le Buron (Tierc.).
3. Châteaugontier (Tierc.).
4. Champigny (Tierc.).
5. La Flèche (Tierc.).
6. Fontenay-le-Comte (T.).
7. Laval (Clar.).
8. Monts-s.-G. (Tierc.).
9. Niort (Tierc.).
10. Poitiers (Tierc.).
11. Rochepozay (Tierc.).
12. Savenay (Tierc.).

D'après HERMANT, t. II, p. 173.

Les Tiercelines dont il s'agit ici sont les religieuses fondées par le B. Gabriel-Maria et la bienheureuse Marguerite de Lorraine. En 1507 cette dernière avait amené de Mortagne six terciaires pour prendre soin des pauvres de l'Hôtel-Dieu de Châteaugontier. Entre 1517 et 1521, Gabriel-Maria avait obtenu de Léon X la confirmation d'une règle composée par lui pour ces pieuses filles. Le texte de la bulle pontificale n'a pas été encore retrouvé, cependant la règle elle-même a été publiée par le R. P. Ubald d'Alençon (1) d'après un exemplaire de 1653. Entre temps elle avait reçu une seconde approbation du pape Jules III, le 9 décembre 1550.

Comme il arrive souvent que les historiens donnent le nom de Cordelières aux religieuses de l'Ordre de Saint-François, aussi bien Clarisses que Tiercelines, il n'est pas facile, avec le recul du temps, de les distinguer les unes des autres, du moins les Clarisses Urbanistes (car les Colettines sont suffisamment connues). Lorsqu'elles sont appelées Élisabethines, le doute n'est plus possible, nous sommes en face de religieuses du Tiers-Ordre Régulier.

(1) Dans *Études franciscaines*, 1901, t. VI, p. 313-411.

LISTE DES CLARISSES DE TOURAINE

1. Beaumont-le-Vicomte (1)	Urbanistes.
2. Bourges.	Colettines.
3. Decise.	Colettines.
4. Dinan.	Colettines.
5. Fougères.	Urbanistes.
6. Guiche (La).	Urbanistes.
7. Laval.	Urbanistes (jadis Tiercelines)
8. Nantes.	Colettines.
9. Quimper.	Urbanistes.
10. Rochelle (La).	Urbanistes.
11. Saintes.	Urbanistes.
12. Tours.	Capucines.

LISTE DES TIERCELINES DE TOURAINE

1. Beaumont-sur-Sarthe.
2. Buron (Le).
3. Champigny.
4. Châteaugontier.
5. Chauvigny.
6. Cholet.
7. Flèche (La).
8. Fontenay-le-Comte.
9. Mirebeau.
10. Nantes.
11. Niort.
12. Noyen.
13. Ponts-de-Cé (Les).
14. Pozay-le-Vieil.
15. Puy-Notre-Dame (Le).
16. Rochelle (La).
17. Sablé.
18. Saint-Gilles-sur-Vie.
19. Vezins.

AUTRES MONASTÈRES DE CORDELIÈRES

1. Auray.
2. Lude (Le).
3. Monts-sur-Guesne.
4. Poitiers.
5. Savenay.
6. Thouars.
7. Trimoille (La).
8. Oiron.

A ces monastères de Franciscaines, il faut ajouter celui des Annonciades de Bourges et celui des Capucines de Tours.

(1) Beaumont-le-Vicomte est évidemment la même localité que Beaumont-sur-Sarthe où sont mentionnées aussi des Clarisses.

RÉPERTOIRE ALPHABÉTIQUE

DES ÉTABLISSEMENTS DE L'ORDRE DE SAINT FRANÇOIS DANS L'OUEST DE LA FRANCE DU XIIIe AU XIXe SIÈCLE.

ABERVRAC'H (L') (Finistère), arr. de Brest, cant. de Lannilis, commune de Landeda. — Couvent de Frères Mineurs Observants fondé en 1507. De 1507 à 1517, à la vicairie des Observants de Bretagne. De 1517-1642, à la province des Observants de Bretagne. De 1642-Révolution, à la prov. des Récollets de Bretagne. — GONZAGA, 891 ; COURTECUISSE, *Tables capitulaires*, XXV, XXXIX ; LECESTRE, 100 ; Arch. dép. du Finistère, 23 H 27.

AINAY-LE-CHATEAU (Allier), arr. de Montluçon, cant. de Cérilly. — Couvent de Récollets fondé en 1619. A cette date, il appartenait à la custodie des Récollets de la Sainte-Trinité en Touraine, qui ne paraît pas avoir survécu au-delà de 1680. En 1768 il relevait de la prov. récollette de la Madeleine. Il en fut ainsi jusqu'à la Révolution. — Cf. plus haut, p. 13 ; HERMANT, *Hist. des Ordres relig.*, II, 405 ; LECESTRE, 105 ; Arch. dép. Allier, H ; H. DE LAGUÉRENNE, *Ainay-le-Château en Bourbonnais*, 474-485.

ALENÇON (Orne). — Couvent de Capucins fondé en 1602. De 1602-1629, à la prov. de Touraine. De 1629-Révolution, à la prov. de Normandie. — *Bull.Cap.*, V, 90, 393 ; LECESTRE, 93 ; *Rev. Hist. francisc.*, 1924, I, 550 ; Arch. dép. Orne, H 3317-8 (1790-2), H 5532 (1790) ; L. DUVAL, *Inv. somm. des arch. dép. Orne*, série H., II, LXXVI-LXXVIII.

AMBOISE (Indre-et-Loire), arr. de Tours, ch.-l. de c. — Couvent d'Observants fondé en 1409. De 1409-1415, à la prov. de Touraine. De 1415-1517, à la vicairie observante de Touraine. De 1517-1771, à la prov. de Touraine-Pictavienne. De 1771-Révolution. à la prov. des Conventuels de Touraine. — GONZAGA, 689 ; *Ann.Min.*, IX, 335, 504 ; GUBERNATIS, *Orbis seraphicus*, III, 79, 287 ; CARRÉ DE BUSSEROLLE, *Dict. d'Indre-et-Loire*, I, 27-28 ; E. HUBERT, *Obit. des Cordeliers de Châteauroux*, Paris, 1885, p. 15, 25, 33, 34, 37, 42 bis, 45 ; PELLETIER, *Not. sur les Cordeliers de Bellegarde*, Orléans, 1868, 19-21 ; G. DELORME, *Les actes de l'assemblée d'A.*, 1504 (*France francisc.*, III, 90-113) ; *Ibid.*, V, 357 ; C. BENOIT, *Fouilles aux Cordeliers d'A.* (*Bull. trim. de la Soc. archéol. de Touraine*, t. XIX, Tours, 1914, 277-278) ; LECESTRE, 77 ; Arch. dép. Indre-et-Loire, H, doc. du XVe s.

ANCENIS (Loire-Inférieure), ch.-l. d'arr. — Couvent d'Observants fondé en 1448. De 1448-1517, à la vicaire observante de Touraine. De 1517-1771, à la prov. de Touraine-Pictavienne. De 1771-Révolution, à la prov. des Conventuels de Touraine. — GONZAGA, 689; *Ann. Min.*, XII, 13, 501 ; LECESTRE, 76 ; RAPINE, *Hist. des Récollets*, 721 ; OGÉE, *Dict. hist. de Bretagne*, I, 41-43 ; ROUSSERIUS, *Origo...*, 604 ; P. GRÉGOIRE, *État du dioc. de Nantes en 1790*, II, 35-6 ; FLAVIEN DE BLOIS, *Stat. des Francisc. dans la Loire-Inf.*, 6-7 ; LEVOT, *Biographie bretonne*, I, 755 ; SBARALEA, *Suppl. ad Script. O. M.*, 439; D. MORICE, *Mém. hist. de Bretagne*, III, 857 ; *Bull. de la Soc. polym. du Morbihan*, Vannes, 1901, 191 ; *Arch. de Bretagne*, XI, 54; E. HUBERT, *Obituaire des Cord. de Châteauroux*, 45, 47 bis, 49 ; Arch. dép. Loire-Inf., H 278-280 (1485-1779) ; Bibl. cap., n° 286, p. 3 ; n° 318 (1448-1796) ; E. MAILLARD, *Hist. d'A.*, 2e éd., 1881, 452-460.

ANDIGNY (Vendée), arr. Fontenay-le-Comte, cant. La Châtaigneraie. — Cf. *Antonna*.

ANGERS (Maine-et-Loire). — Couvent des Frères Mineurs fondé avant 1226. De 1226-1239, à la prov. des Frères Mineurs de France. De 1239-1771, à la prov. des Frères Mineurs de Touraine. De 1771-Révolution, à la prov. des Conventuels de Touraine. — EUBEL, *Prov.*, 15 ; GONZAGA, 671 ; LECESTRE, 75 ; *Pouillé du dioc. d'Angers*, 1783, XXIX-XXX ; *Ann. Min.*, I, 258; IV, 57 ; V, 92, 96, 143, 168 ; IX, 26, 52, 133, 245, 266 ; C. PORT, *Dict. hist. de Maine-et-Loire*, I, 71-72, 486, 504, 537, 687 ; II, 233, 261, 396 ; C. PORT, *Inv. anal. Arch. anc. mairie Angers*, H 7, etc.; UBALD D'ALENÇON, *L'Obituaire et le Nécrologe des Cordeliers d'Angers* (1216-1790), Angers, 1902 ; D. GUILLOREAU, *L'Obituaire des Cordeliers d'Angers*, Laval, 1903 (*Bull. hist. de la Mayenne*, 1902); UBALD D'ALENÇON, *Les Frères Mineurs et l'Université d'Angers* (*Ét. francisc.*, VI, 1901, p. 57-83) ; E. L., *Not. sur les couvents des Frères Mineurs à Angers*, 1895, 7-24 ; *Ét. francisc.*, 1906, XVI, 428, n. 3 ; *France Francisc.*, I, 141, 319, 323, 328, 331-336 ; III, 354, 359, 361, 363, 365, 369, 380 ; L. DE FAVAY, *Salle capitulaire des Cord. d'Angers*, XVe s. (*Mém. de la Soc. d'agriculture d'Angers*, 5e série, t. XVIII, Angers, 1915, 185-195) ; Arch. dép. Maine-et-Loire, H. 52 art. : Inventaire de 1745 ; plan ; comptes-journaux (XVIIIe s.); fondations ; testaments (XIVe-XVIIIe s.) ; lettres patentes des rois René d'Anjou, Louis XII et Henri II (copies du XVIe s.) ; état de l'Ordre de Saint-François au diocèse d'Angers en 1698 (Bibl. cap., n° 279) ; ARMEL D'ÉTEL, *Les Franciscains de Maine-et-Loire pendant la Révolution*, Angers, 1908 (Extr. *Revue de l'Anjou*).

— Cf. BAUMETTE (LA).

— D'abord résidence des Récollets de la Baumette, puis couvent de Récollets fondé en 1625. De 1625-Révolution, à la prov. de la Madeleine. — E. L. *Notice sur les couvents des Frères Mineurs à Angers*, Angers, 1895 ; *Pouillé du dioc. d'Angers*, 1783, XXXIII ; C. PORT, *Inv. anal. Arch. anc. Maine Angers*, H 7, etc. C. PORT, *Dict. hist. de Maine-et-Loire*, I, 54 ; *Étud. francisc.*, 1901, VI, 68 ; 1903, IX, 81 ; *Cat. gén. des mss.*, XXXI, Angers, n° 874. Réc. d'Angers : 12 pièces,

35 f.; extrait de chartes, pièces imprimées; actes de 1627, 1631, 1634, dont un de Louis XIII; nos 875, 1027; LECESTRE, 105; ARMEL D'ÉTEL, *op. cit.*

ANGERS. — Couvent de Capucins fondé en 1597. De 1599-Révolution, à la prov. de Touraine. — *Bull. Cap.*, V, 391; LECESTRE, 90; *Pouillé du dioc. d'Angers*, 1783, XXXIV; *Monographie du couvent des Capucins d'Angers* (*Annales francisc.*, Paris, an. 1885 et 1886); *Études francisc.*, IX, 87, XI, 78, XIII, 326; C. PORT, *Inv. anal. Arch. anc. mairie Angers*, H 7, etc.; C. PORT, *Dict. hist. de Maine-et-Loire*, I, 71; E. L., *Notice sur les couvents des Frères Mineurs à Angers*, 1895, 31-40; Bibl. cap., n° 387, f. 136 (1597); n° 463, p. 1 (1588-1626), cf. ms. 781, Bibl. mun. Angers, 69-177; n° 465 bis et 466; n° 546, f. 16; Arch. dép. Maine-et-Loire, Série H, Capucins; ARMEL D'ÉTEL, *op. cit.*

ANGES (LES) (Maine-et-Loire), arr. et cant. de Segré, comm. de L'Hôtellerie-de-Flée, au lieudit « Mortiécrolles » — Couvent de Frères Mineurs fondé en 1500. De 1500-1517, à la vicairie observante de Touraine. De 1517-1771, à la prov. de Touraine-Pictavienne. De 1771-Révolution, à la prov. des Conventuels de Touraine. — GONZAGA, 694; LECESTRE, 75; *Pouillé dioc. Angers*, 1783, 286; D. MORICE, *Mém. hist. de Bretagne*, III, 840, 891, 892; C. PORT, *Dict. hist. de Maine-et-Loire*, I, 115, II, 366; ARMEL D'ÉTEL, *op. cit.* — Cf. ABERVRAC'H (L').

ANGOULÊME (Charente). — Couvent fondé en 1242 (vers 1230, cf. A.-F. LIÈVRE, *Angoulême hist.*, 130). De 1242-1771, à la prov. des Frères Mineurs de Touraine. De 1771-Révolution, à la prov. des Conventuels de Touraine. — EUBEL, *Prov.*, 16; GONZAGA, 678; *Ann. Min.*, III, 445; V, 118; UBALD D'ALENÇON *Obituaire des Cord. d'Angers*, 72 bis, 99; P. DE FLEURY, *Les anciennes orgues de la cath. d'Angoul.* (*Art sacré*, oct. 1904, p. 12); *Cat. gén. des mss.*, XXI, Cognac, n° 32, 371-379 (Orgue des Cord. d'Ang.); Ms. de la Bibl. de l'Institut, à Paris, n° 541, f. 293 (Fondat. d'une messe au couv. d'Ang., 1306); WADDING, *Script. O. M.*, 244; *France Francisc.*, II, 177; LECESTRE, 76; Arch. dép. de la Charente, H xxv (1405-1790); J. NANGLARD, *Pouillé hist. du dioc. d'A.*, II, 432-445.

— Couvent de Capucins fondé en 1611 (en 1661 selon A.-F. LIÈVRE, *Angoulême*, 130). De 1611-Révolution, à la prov. de Touraine. — *Bull. Cap.*, V, 391; LECESTRE, 90; Bibl. cap., n° 508 (1611-XIXe s.); J. NANGLARD, *Pouillé*, II, 455-458.

— Maison de Tiercelettes sous le vocable de N.-D. de la Conception, fondée en 1640; existait, dès le XVIe siècle, sous le vocable de Sainte-Claire. — A.-F. LIÈVRE, *Angoulême*, 131; J. NANGLARD, *Pouillé*, II, 478-483; Arch. dép. Charente, H, 2 liasses, 2 reg. (1641-XVIIIe s.).

ANJOU. — Cordeliers et Cordelières en Anjou (*Cat. gén. des mss.*, XXXI, Angers, n° 1023) Cordelières du diocèse d'Angers (*Études francisc.*, t. XI, 1904, p. 217).

Antonna. — Couvent d'Observants fondé au dioc. de Luçon, par

Pierre Royrand, seigneur de la Bauduère, sous Martin V, 1426. Serait-ce ANDIGNY ? Voir ce mot. Ne figure sur aucune liste. — *Ann. Min.*, X, 111, 405.

Arasconiensis (?) — Couvent de Capucins marqué dans le décret de séparation de la prov. de Bretagne d'avec celle de Touraine, 17 mai 1629. — *Bull. Cap.*, V, 106.

ARGENTAN (Orne), ch.-l. d'arr. — Couvent de Capucins fondé en 1620. De 1620 à 1629, à la prov. de Paris. De 1629-Révolution, à la prov. de Normandie. — *Bull. Cap.*, V, 106, 393 ; LECESTRE, 92 ; Arch. dép. Orne, H 3319 (1785-1787) ; L. DUVAL, *Inv. somm. Arch. dép. Orne*, Série H, II, LXXVII-LXXXVIII ; E. LAURENT, *Notice hist. sur l'abbaye royale de Sainte-Claire d'Argentan*, 213-222.

ARGENTON (Indre), arr. de Châteauroux, ch.-l. de c. — Couvent d'Observants fondé en 1459. De 1459-1517, à la vicairie observante de Touraine. De 1517-1771, à la prov. des Observants de Touraine-Pictavienne. De 1771-Révolution, à la prov. des Conventuels de Touraine. — LECESTRE, 76 ; GONZAGA, 690 ; *Orbis seraphicus*, III, 110 ; ROUSSERIUS, *Origo*, 564 ; *Société du Berry*, X, 245 ; *Études francisc.*, 1901, VI, p. 398 ; *France Francisc.*, IV, 347 ; Arch. dép. Indre, H 573-576 (1670-1790) ; *Cat. gén. des mss.*, IX, Châteauroux, n° 3 (Bréviaire des Fr. Min. d Argenton xve s.).

AUDIERNE (Finistère), arr. de Quimper, cant. de Pont-Croix. — Couvent de Capucins fondé en 1657. De 1657-Révolution, à la prov. de Bretagne. — *Bull. Cap.*, V, 395 ; LECESTRE, 92.

AUNIS. — Custodie dans la prov. des Conv. de Touraine en 1771.

AURAY (Morbihan), arr. de Lorient, ch.-l. de c. — Couvent de Capucins fondé en 1615 (en 1609, selon E. FONSSAGRIVES, *Not. hist. sur la ville d'Auray*, n° 32 ; en 1626, selon TOUSSAINT DE S. LUC, *Mém. sur l'état du clergé de Bretagne*, 109). De 1615-1629, à la prov. de Touraine. De 1629-Révolution, à la prov. de Bretagne. — *Bull. Cap.*, V, 395 ; LECESTRE, 93 ; J. LE MENÉ, *Les Capucins d'Auray* (*Bull. Soc. polym. Morbihan*, 1906, 199-202, J. BULION et E. LE GARREC, *S. Anne d'Auray*, Ier, 77 sqq.

— Monastère de Cordelières fondé en 1632 sous le vocable de Saint-François (TOUSSAINT DE S. LUC, *Mém. sur l'état du clergé de Bretagne*, 119, les appelle Urbanistes). — OGÉE, *Dict. hist. de Bret.*, 2e éd., I, 54, 57 ; LUCO, *Pouillé du dioc. de Vannes*, 563,742 ; J. LE MENÉ, *Les Cordelières d'A.*, dans *Bull. Soc. polym. Morbihan*, 1907, 12-21) ; *Revue de Bret.*, 1897, XVIII, 411 ; Arch. dép. Morbihan, B 176, 1554, 1668, 1869, 1911, 1915, 2009, 2011, 2027, 2030, 2031, 2090 ; BB 2 ; E suppl. 3, 41 ; GG 10 ; H, 1 liasse.

BARBEZIEUX (Charente-Inférieure), ch.-l. d'arr. — Couvent de Frères Mineurs sous le vocable de Sainte-Catherine, fondé en 1254. De 1254-1771, à la prov. de Touraine. De 1771-Révolution, à la prov. des Conventuels de Touraine. — EUBEL, *Prov.*, 16 ; GONZAGA, 681 ; *Ann. Min.*, III, 297 ; V, 61 ; IX, 132 ; *Études francisc.*, 1901, VI, 79 ; LECESTRE, 77 ; Arch. dép. Charente, H XXVII (1339-1782) ; J. NAN-

GLARD, *Pouillé hist. du dioc. d'Angoulême*, III, 634-636 ; L. AUDIAT, *Le Dioc. de Saintes au* XVIIIe *s.*, 283-288.

BAUGÉ (Maine-et-Loire), ch.-l. d'arr. — Couvent de Capucins fondé entre 1597 et 1599. De 1597-1648, à la prov. de Touraine. De 1648-Révolution, à la prov. de Bretagne. — *Bull. Cap.*, V, 395 ; LECESTRE, 92 ; *Pouillé dioc. Angers*, 1783, 286 ; C. PORT, *Dict. hist. de Maine-et-Loire*, I, 227 ; Bibl. cap., n° 493, p. 270 ; n° 527, fol. 81 ; ARMEL D'ÉTEL, *Les Franciscains de Maine-et-Loire pendant la Révolution*, Angers, 1908 (Extr. *Revue de l'Anjou*).

BAUMETTE (LA) (Maine-et-Loire), comm. d'Angers. — Couvent de Frères Mineurs fondé en 1456. De 1456-1517, à la vicairie des Observants de Touraine. De 1517-1596, à la prov. de Touraine-Pictavienne. De 1596-1612, à la custodie des Récollets de Touraine. De 1612-1619, à la prov. des Récollets de Saint-Denis. De 1619-Révolution, à la prov. des Réc. de la Madeleine. — GONZAGA, 693 ; RAPINE, 721 ; *Ann. Min.*, XII, 485 ; XXV, 6 ; LECESTRE, 105 ; *Pouillé dioc. Angers*, 1783, XXVI ; *Notice sur les couv. des Fr. Min. à Angers*, Angers, 1896, 24 ; C. PORT, *Dict. hist. de Maine-et-Loire*, I, 230-1 ; ARMEL D'ÉTEL, *op. cit.*

BAZOUGES (Mayenne), arr. et cant. de Château-Gontier. — Couvent de Capucins. Cf. CHATEAU-GONTIER.

BEAUFORT-EN-VALLÉE (Maine-et-Loire), arr. de Baugé, ch.-l. de c. — Couvent de Récollets fondé en 1599. De 1599-1612, à la custodie des Réc. de la prov. de Touraine-Pictavienne. De 1612-1619, à la prov. de Saint-Denis. De 1619-Révolution, à la prov. de la Madeleine. — C. PORT, *Dict. hist. de Maine-et-Loire*, I, 242, 243, 246 ; *Ann. Min.*, XXV, 6 ; LECESTRE, 105 ; *Pouillé dioc. Angers*, 1783, 286 ; *Études francisc.*, 1903, IX, 81 ; ARMEL D'ÉTEL, *op. cit.*

BEAUGENCY (Loiret), arr. d'Orléans, ch.-l. de c. — Couvent de Capucins fondé en 1615 dans la léproserie de S. Ladre. De 1615-Révolution à la prov. de Touraine. — *Bull. Cap.*, V, 391 ; LECESTRE, 91 ; Bibl. cap., n° 387, f. 20 ; n° 461, f. 163 ; PELLIEUX et LORIN DE CHAFFIN, *Essais hist. sur la ville et le cant. de B.*, 1856, II, 156-157 ; DUCHATEAU, *Hist. du dioc. d'Orléans*, 283.

BEAUMONT-LE-VICOMTE, ou B.-sur-Sarthe (Sarthe), arr. de Mamers, ch.-l. de cant. — Notre-Dame-des-Anges, monastère de Clarisses Urbanistes, fondé en 1632 par des religieuses du couvent de Patience, à Laval, et dissous en 1757. — L. BERNARD, *Un Monast. de Clar. à B.-le-V.* (1632-1757), Mamers, 1910 ; Bibl. cap., n° 282 où les religieuses sont nommées Clarisses et Élizabethines comme dans Dom PIOLIN, *Hist. de l'église du Mans*, VII, 72-73 *Études francisc.*, 1908, XX, 89 ; Arch. dép. Sarthe, H 1700-1701 (1633-1725).

BELLEGARDE (Loiret), arr. de Montargis, ch.-l. de c. — Couvent de Frères Mineurs fondé en 1618 (fondé en 1658 et supprimé en 1769, selon PATRON, *Rech. hist. sur l'Orléanais*, II, 48-49). De 1618-1771, à la prov. de Touraine-Pictavienne. De 1771-1777 à la prov. des Conventuels de Touraine. — V. PELLETIER, *Notice sur la maison des*

Franciscains de Bellegarde (t. XI des *Mém. de la Soc. archéol. de l'Orléanais*, Orléans, 1868) ; LECESTRE, 77 ; DUCHATEAU, *Hist. du dioc. d'Orléans*, 307.

BERNON (Morbihan), arr. de Vannes, cant. et comm. de Sarzeau. — Couvent de Frères Mineurs fondé vers 1449. De 1449-1517, à la custodie ou vicairie des Observants de Bretagne. De 1517-Révolution, à la prov. des Observants et Récollets de Bretagne. — COURTECUISSE, p. XI-XIII ; LECESTRE, 100 ; ROSENZWEIG, *Dict. top. du Morbihan*, 11 ; J. MOISAN, *La Propriété eccl. dans le Morbihan*, 200 ; J. LE MENÉ, *Les Min. de l'Observance, Bernon*, dans *Bull. Soc. polym. Morbihan*, 1906, 182-189.

BERRY. — Custodie de la prov. de Touraine. — EUBEL, *Prov.*, 15.

BLAVET. — Cf. SAINTE-CATHERINE DE BLAVET.

BLOIS (Loir-et-Cher). — Couvent de Frères Mineurs fondé par Jean de Châtillon, vers 1271 (vers 1250, selon L. BERGEVIN et A. DUPRÉ, *Hist. de Bl.*, II, 450-1 et I, 528-529 ; en 1256 selon J. BERNIER, *Hist. de Bl.*, 1682, 57-59). De 1271-1771, à la prov. de Touraine. De 1771-Révolution, à la prov. des Conventuels de Touraine. — EUBEL, *Prov.*, 15 ; GONZAGA, 670 ; *Ann. Min.*, IV, 342, 386 ; *Opera omnia S. Bonav.*, Quaracchi, VIII, 473 ; *Cat. gén. des mss.*, Blois, XL, n° 87 ; LECESTRE, 76.

— Couvent de Capucins fondé entre 1588 et 1593. De 1588-Révolution, à la prov. de Touraine. — *Bull. Cap.*, V, 391 ; LECESTRE, 90 ; Bibl. cap., n° 387, f. 56 ; n° 467, f. 1-64 ; n° 486 ; n° 503 et 526 ; J. BERNIER, *Hist. de Bl.* (1682), 67-68 ; L. BERGEVIN et A. DUPRÉ, *Hist. de Bl.*, II, 531 ; II, 452-454.

BODELIO (Morbihan), arr. de Vannes, cant. de Rochefort-en-terre, comm. de Malansac. — Couvent fondé en 1440. (Cf. TOUSSAINT DE S. LUC, *Mémoires sur l'état du clergé de Bretagne*, 108). De 1440-1517, à la vicairie des Obs. de Touraine. De 1517-1771, à la prov. de Touraine-Pictavienne. De 1771-Révolution, à la prov. des Conventuels de Touraine. — GONZAGA, 694 ; *Ann. Min.*, XI, 113 ; J. LE MENÉ, *Les Min. de l'Obs., Bodelio*, dans *Bull. Soc. polym. Morbihan*, 1906, 169-192 ; LECESTRE, 77.

BOURGES (Cher). — Couvent de Frères Mineurs fondé vers 1228. De 1228-1239, à la prov. de France. De 1239-1771, à la prov. de Touraine. De 1771-Révolution, à la prov. des Conventuels de Touraine. — EUBEL, *Prov.*, 15 ; GONZAGA, 673 ; *Ann. Min.*, II, 210 ; V, 229 ; VI, 376 ; XI, 326 ; LECESTRE, 76 ; *Rép. archeol. et hist. du dioc. de B.*, 53 ; *Bull. Comité hist. et arch. du dioc. de B.*, 1867-70, 191, 199.

— Couvent de Capucins fondé en 1588. De 1588-Révolution, à la prov. de Touraine. — *Bull. Cap.*, V, 391 ; LECESTRE, 90 ; Bibl. cap., n° 470, f. 6-78 ; n° 507 ; *Rép. archéol. et hist. du dioc. de B.*, 55 ; *Bull. Comité hist.*, 1867-70, 192.

— Monastère de Clarisses Colettines fondé en 1470. — GONZAGA,

682 ; *Ann. Min.*, XIII (1468), 432, 559 ; *Rép. archéol. et hist. du dioc. de Bourges*, 52.

BOURGES (Cher). — Monastère d'Annonciades fondé par la b^{se} Jeanne de France, épouse répudiée de Louis XII, vers 1501. — GONZAGA, 695. Voir les différentes biographies de Jeanne de France (ou de Valois) ; *Rép. archéol. et hist. du dioc. de B.*, 56-7 ; *Bull. Comité hist.*, 1867-1870, 192.

BOURGNEUF-EN-REZ (Loire-Inférieure), arr. de Paimbœuf, ch.-l. de c. — Couvent fondé en 1332. De 1332-1771, à la prov. de Touraine. De 1771-Révolution, à la prov. des Conventuels de Touraine. — EUBEL, *Prov.*, 16 ; GONZAGA, 674 ; *Ann. Min.*, VII, 135 ; IX, 341 ; Bibl. cap., n° 286, p. 41-47 ; LECESTRE, 76 ; Arch. dép. Loire-Inf., H 281 (1334-1780) ; P. GRÉGOIRE, *État du dioc. de Nantes en 1790*, II, 33 ; FLAVIEN DE BLOIS, *Stat. des Francisc. dans la Loire-Inf.*. 7 ; TRAVERS, *Hist. de Nantes*, I, 412.

BRESSUIRE (Deux-Sèvres), ch.-l. d'arr. — Couvent de Frères Mineurs fondé en 1404, pour les Observants. De 1404-1415, au groupement des Observants français. De 1415-1517, à la vicairie des Obs. de Touraine. De 1517-1771, à la prov. de Touraine-Pictavienne. De 1771-Révolution, à la prov. des Conventuels de Touraine. — GONZAGA, 688 ; *Ann. Min.*, IX, 265, 388 ; *Cat. gén. des mss.*, XXV, Poitiers, coll. Fonteneau, LIII, 511 ; LECESTRE, 76 ; B. LEDAIN, *Hist. de la ville de Br.*, 114-117 ; *État du Poitou sous Louis XIV*, 423 ; BEAUCHET-FILLEAU, *Pouillé du dioc. de Poitiers*, 184.

— Couvent de Tiercelines, mentionné en 1698, dans *État du Poitou sous Louis XIV*, 423 ; H. BEAUCHET-FILLEAU, *loc. cit.*

BREST (Finistère), ch.-l. d'arr. — Les Arch. dép. du Finistère ont des pièces sur les Récollets de cette ville (23 H 27), mais cette maison ne paraît sur aucune liste de couvents.

— Couvent de Capucins à Recouvrance fondé en 1692. De 1692-Révolution, à la prov. de Bretagne. — *Bull. Cap.*, V, 395 ; LECESTRE, 92 ; Bibl. cap., n° 388, f. 17 ; n° 446 ; n° 543 ; Arch. dép. Finistère, 14 H 1 (1698-1788).

BRETAGNE. — Custodie de Fr. Min. dans la province de Touraine. — EUBEL, *Prov.*, 16 ; Arch. dép. Ille-et-Vilaine, C 171.

— Custodie et vicairie d'Observants érigée vers 1415, après le concile de Constance, devenue province en 1517, et passée à la réforme des Récollets de 1612 à 1663. Elle subsista jusqu'à la Révolution. — COURTECUISSE, *op. cit.*; Arch. dép. Finistère, 23 H 1-16 (1426-1787).

— Province de Capucins fondée en 1629, avec 19 couvents provenant de la prov. de Touraine. Elle subsista jusqu'à la Révolution. — *Les Cap. de Bretagne*, 1598-1686 (Bibl. nat., ms. fr., 22317) ; *Note sur des auteurs bretons* (Ibid.. 10565) ; *Docum. relatifs au différend entre les prov. de Touraine et de Bretagne, au sujet de quatre couv.* (Ibid., 10564, p. 140 ; supplém. 540, 10, 1.) ; EMMANUEL DE LANMODEZ, *Le ms. 776 de la Bibl. publ. de Rennes, analyse*, Paris, 1895 ; *Esquisse de l'hist. des Cap. de Bretagne, de 1593 à la Révol.*, par le

P. René de Nantes (Bibl. cap., nº 520); voir dans le même recueil, les nos 521, 523, 524, 525,526, 527, 528, 529, 530, 984, 1010, f. 61, 1021; Arch. dép. Ille-et-Vilaine. C 22.

BURON (LE), paroisse d'Azé, près de Châteaugontier (Mayenne), ch.-l. d'arr. — Monastère de religieuses hospitalières du Tiers-Ordre Régulier transporté de Château-Gontier en ce lieu, après sa destruction en 1593. — Voir CHATEAU-GONTIER; Arch. dép. Mayenne, H 107 (1593-1789); E.-C. Du Brossay, *Notes sur Ch.-G.*, 43-44; M. Foucault, *Doc. hist. sur Ch.-G.*, 74; A. Angot, *Dict. hist. de la Mayenne*, I, 464-466.

CÉSAMBRE (Ile-et-Vilaine). Ile en face de Saint-Malo. — Couvent d'Observants fondé en 1468. De 1468-1517, à la vicairie observante de Bretagne. De 1517-1688, à la prov. de Bretagne. (Ils étaient devenus Récollets en 1612). De 1688-1693, à la prov. de la Madeleine d'Anjou. En 1693 le couvent fut détruit par les Anglais. — Courtecuisse, p. xx-xxiii; Arch. comm. St-Malo, BB 16, 691, GG 290; Guillotin de Corson, *Pouillé hist. du dioc. de Rennes*, III, 143-145; 165-166.

CHAMBIERS. — Récollets. — Voir DURTAL.

CHAMPIGNY-SUR-VEUDE (Indre-et-Loire), arr. de Chinon, cant. de Richelieu. — Monastère de Tiercelines fondé en 1565 par des religieuses venues de Château-Gontier à Notre-Dame de Bon Espoir. — Gonzaga, 697; *Ann. Min.*, XX, 59, 569; Carré de Busserolle, *Dict. d'Indre-et-Loire*, II, 89; *Études francisc.*, VI (1901), 397, 405; L.-A. Bossebœuf, *Le château et la S. Chapelle de Ch.*, 33-4.

CHATEAU-DU-LOIR (Sarthe). arr. de Saint-Calais, ch.-l. de c. — Couvent de Récollets fondé en 1614. De 1614-1619, à la prov. de Saint-Denis. De 1619-Révolution, à la prov. de la Madeleine. — Ubald d'Alençon, *Le Nécrologe des Récollets de Château-du-Loir* (1626-1789), La Flèche, 1904 (Extr. *Ann. fléchoises*, III, 103, 218, 300); *Études francisc.*, 1904, t. XII, 310; Lecestre, 105; Piolin, *Hist. égl. du Mans*, t. VI-VII.

CHATEAUDUN (Eure-et-Loir), ch.-l. d'arr. — Couvent de Frères Mineurs fondé en 1252. De 1252-1771, à la prov. de Touraine. De 1771-Révolution, à la prov. des Conventuels de Touraine. — Eubel, *Prov.*, 15; Gonzaga, 670; *Ann. Min.*, III, 294; Lecestre, 76; Arch. comm. Châteaudun, GG 103-110 (1306-1694), GG 134 (1690), GG 169-178 (1482-1770).

— Couvent de Récollets fondé vers 1619. Les Récollets avaient d'abord été établis de 1606 à 1616 aux Lépreux de Saint-Lazare. De 1619-Révolution, à la prov. de la Madeleine. — *Ann. Min.*, XXV, 347; Lecestre, 105; Arch. comm. Châteaudun, GG 111-112 (1606-1616(.

CHATEAU-GONTIER (Mayenne), ch.-l. d'arr. — Couvent de Capucins fondé en 1611. De 1611-1629, à la prov. de Touraine. De 1629-Révolution, à la prov. de Bretagne. — *Bull. Cap.*, V, 395; Lecestre, 92; *Pouillé dioc. Angers*, 1783, 286; A. Angot, *Dict. hist. de la*

Mayenne, I, 189-190 ; E.-C. Du **Brossay**, *Notes sur Ch.-G.*, 34-38 ; A. **de Serière**, *Notes stat. et hist. sur la Mayenne*, 43.

CHATEAU-GONTIER. — Monastère de St-Julien de Tiercelines hospitalières, fondé en 1507, détruit en 1593 par les Ligueurs, et transféré plus tard au Buron, à 2 kil. de Château-Gontier. — **Gonzaga**, 697 ; *Pouillé, loc. cit.* ; *Études francisc.*, 1901, VI, 397 sqq. ; *Cat. gén. des mss.*, XXXI, Angers, n° 885 (Notice histor. sur les Cord. du Buron) ; ibid., n° 1918; Bibl. cap., n° 284, f. 92-183. E.-C. Du **Brossay**, *Notes sur Ch.-G.*, 43 ; A. **de Serière**, *op. cit.*, 43-44 ; A. **Angot**, *Dict. hist. de la Mayenne*, 584.

CHATEAURENAUD (Indre-et-Loire), arr. de Tours, ch.-l. de c. — Couvent de Frères Mineurs fondé avant 1641, puisqu'à cette date il appartenait à la custodie récollette de la Sainte-Trinité. D'après le catalogue de Hermant il relevait en 1710 de la prov. des Frères Mineurs de Touraine. En 1768 il faisait partie de la prov. des Récollets de la Madeleine. — Cf. plus haut, p. 12-13 ; **Hermant**, *Hist. des Ordres religieux*, Rouen, 1710, II, 173 ; **Lecestre**, 105 ; **Carré de Busserolle**, *Dict. d'Indre-et-Loire*, II, 168-169.

CHATEAUROUX (Indre). — Couvent de Frères Mineurs fondé avant 1226. De 1226-1239, à la prov. de France. De 1239-1460 à la prov. de Touraine. De 1460-1517, à la vicairie observante de Touraine. De 1517-1771, à la prov. de Touraine-Pictavienne. De 1771-Révolution, à la prov. des Conventuels de Touraine. — **Eubel**, *Prov.*, 15 ; **Gonzaga**, 687 ; E. **Hubert**, *Obituaire du couv. des Cordeliers de Châteauroux* (1213-1782), Paris, 1885 ; *Rev. d'hist. francisc.*, I, 483-492, avec références ; **Lecestre**, 76 ; Arch. dép. Indre, H 577-584 (1502-1790).

— Couvent de Capucins fondé en 1624. De 1624-Révolution, à la prov. de Touraine. — *Bull. Cap.*, V, 391 ; **Lecestre**, 90.

CHATELAUDREN (Côtes-du-Nord), arr. de Saint-Brieuc, ch.-l. de c. — Couvent de Récollets fondé en 1746. De 1746-Révolution, à la prov. des Récollets de Bretagne. — **Courtecuisse**, *op. cit.*, p. XXIX ; Arch. dép. des Côtes-du-Nord, H ; Arch. dép. Ille-et-Vilaine, H 1246 ; **Lecestre**, 100.

CHATELLERAULT (Vienne), ch.-l. d'arr. — Couvent de Frères Mineurs fondé avant 1259. De 1259-1771, à la prov. de Touraine. De 1771-Révolution, à la prov. des Conventuels de Touraine. — **Eubel**, *Prov.*, 16 ; **Gonzaga**, 678 ; **Lecestre**, 67 ; L. **Redet**, *Dict top. de la Vienne*, 101 ; Arch. dép. Vienne, H 29 ; Arch. comm. Châtellerault B, registre XXXIV, 1629, peste ; série I, art. XLIX, groupe en pierre ; *État du Poitou sous Louis XIV*, 56-7 ; *Pouillé du dioc. de Poitiers*, 1782, 38 ; **Lalanne**, *Hist. de Ch.*, I, 234-236.

— Couvent de Capucins fondé en 1613. De 1613-Révolution, à la prov. de Touraine. — *Bull. Cap.*, V, 391 ; **Lecestre**, 91 ; L. **Rédet**, *Dict. topogr. de la Vienne*, 101 ; Arch. comm. Châtellerault, G XXII, Registre des professions et sépultures de 1720 à 1752, B XXXIV, peste (1629) ; *État du Poitou sous Louis XIV*, 56-57 ; *Pouillé*, 38 ;

LALANNE, *op. cit.*, 115 ; DEDOUVRES, *Le P. Joseph*, dans *Rev. Fac. cath. Ouest*, 1916, 747-790.

CHATILLON-SUR-LOIRE (Loiret), arr. de Gien, ch.-l. de c. — Couvent de Capucins fondé peu après 1615. De 1615-Révolution à la province de Touraine. — DUCHATEAU, *Hist. du dioc. d'Orléans*, 284.

CHATRE (LA) (Indre), ch.-l. d'arr. — Couvent de Capucins fondé en 1617. De 1617-1783, à la prov. de Touraine. — *Bull. Cap.*, V, 391 ; LECESTRE, 90 ; PIERQUIN DE GEMBLOUX, *Hist. de La Ch.*, 42-44 ; C.-C. DUGUET, *La Ch., avant la Révolution*, 65.

CHAUVIGNY (Vienne), arr. de Montmorillon, ch.-l. de c. — Monastère de Tiercelines fondé en 1655 et supprimé en 1779. — E. HUBERT, *Obituaire des Cordeliers de Châteauroux*, Paris, 1885, 48 ; Ms. de la Bibl. Mazarine, 2417 ; C. TRANCHANT, *Notice sommaire sur Chauvigny*, 2e éd., 1884 ; 135-137 ; — *Édifices rel. de Ch.*, 1880, 38-39 ; L. REDET, *Dict. topogr. de la Vienne*, 108 ; *Pouillé du dioc. de Poitiers*, 1782, 41.

CHERRÉ. — Cf. FERTÉ-BERNARD

CHINON (Indre-et-Loire), ch.-l. d'arr. — Couvent de Frères Mineurs. Cf. CROULAY (LE).

— Couvent de Capucins fondé en 1604. De 1604-Révolution, à la prov. de Touraine. — *Bull. Cap.*, V, 391 ; CARRÉ DE BUSSEROLLE, *Dict. d'Indre-et-Loire*, II, 272-3 ; LECESTRE, 91.

CHOLET (Maine-et-Loire), ch.-l. d'arr. — Couvent d'Observants fondé en 1406. De 1406-1415, au groupe des Observants français. De 1415-1517, à la vicairie des Obs. de Touraine. De 1517-1771, à la prov. de Touraine-Pictavienne. De 1771-Révolution, à la prov. des Conventuels de Touraine. — GONZAGA, 688 ; EUBEL, *Die Avignon. Obedienz*, 153, n° 1117 ; C. PORT, *Dict. hist. de Maine-et-Loire*, I, 703 ; *Études francisc.*, 1904, XI, 217 ; [LOYER], *Les Congrégations cholétaises de 1789 à 1802*, 2-6, 11-17, 19-25 ; ARMEL D'ÉTEL, *Les Franciscains de Maine-et-Loire pendant la Révolution*, Angers, 1908 (Extr. *Revue de l'Anjou*).

— Monastère de Cordelières (T. O. R. ?) fondé vers 1406. — C. PORT, *Dict. hist. de Maine-et-Loire*, I, 703 ; *Études francisc.*, 1904, XI, 217 ; UZUREAU, *Andegaviana*, Paris, 1906, V, 288 ; [LOYER], *op. cit.*, 6-8, 17-19, 26-34 ; ARMEL D'ÉTEL, *op. cit.*

CIVRAY (Vienne), ch.-l. d'arr. — Couvent de Capucins fondé en 1665 (en 1613, d'après L. REDET, *Dict. topogr. de la Vienne*, 124). De 1665-Révolution, à la prov. de Touraine. — *Bull. Cap.*, V, 391 ; LECESTRE, 91 ; Arch. comm. Civray, GG 19 (1783-1785) ; *État du Poitou sous Louis XIV*, 401 ; *Pouillé du dioc. de Poitiers*, 1782, 38.

CLISSON (Loire-Inférieure), arr. de Nantes, ch.-l. de cant. — Couvent de Frères Mineurs fondé en 1410. De 1410-1415, au groupe des Observants français. De 1415-1517, à la vicairie des Obs. de Touraine. De 1517-1771, à la prov. de Touraine-Pictavienne. De 1771, Révolution, à la prov. des Conventuels de Touraine. — GONZAGA, 689 ; D. MORICE, *Hist. de Bretagne*, I, 440 ; ID., *Mém. hist. de Bretagne*

II, 781 ; LECESTRE, 76; Arch. dép. Loire-Inf., H 282 (registre des comptes, 1768-1790) ; P. GRÉGOIRE, *État du dioc. de Nantes en 1790*, II, 33-4 ; FLAVIEN DE BLOIS, *Stat. des Francisc. dans la Loire-Inf.*, 7-8 ; TRAVERS, *Hist. de Nantes*, I, 471-472.

CLUIS (Indre), arr. de la Châtre, cant. de Neuvy-Saint-Sépulcre. — Couvent des Cordeliers des Plaix, fondé vers 1466. De 1466-1517, à la vicairie observante de Touraine. De 1517-1771, à la prov. de Touraine-Pictavienne. De 1771-Révolution, à la prov. des Conventuels de Touraine. — GONZAGA, 694 ; RAPINE, 604-5 ; *Société du Berry*, X, 245 ; LECESTRE, 76 ; Arch. dép. Indre, H 740-741 (1613-1790) ; C. D'AIGURANDE, *Cl. et ses souvenirs*, 1855, 57.

COGNAC (Charente), ch.-l. d'arr. — Couvent de Frères Mineurs mentionné en 1269, par BOUTARIC, *S. Louis et A. de Poitiers*, 465. Jusqu'en 1771, à la prov. de Touraine. De 1771-Révolution, à la prov. des Conventuels de Touraine. — EUBEL, *Prov.*, 16; GONZAGA, 680 ; *Ann. Min.*, V, 189 ; VII, 338, 588 ; LECESTRE, 77 ; J. NANGLARD, *Pouillé hist. du dioc. d'Angoulême*, III, 536-8 ; P. M. MARTIN-CIVAT, *Cognac*, 53-55 ; L. AUDIAT, *Le Dioc. de Saintes au* XVIIIe *s.*, 282-3.

CROISIC (LE) (Loire-Inférieure), arr. de Saint-Nazaire, ch.-l. de c. — Couvent de Capucins fondé en 1617 (en 1619, selon TOUSSAINT DE S. LUC, *Mém. sur l'état du clergé de Bretagne*, 109 et TRAVERS, cf. infra). De 1617-1629, à la prov. de Touraine. De 1629-Révolution, à la prov. de Bretagne. — *Bull. Cap.*, V, 395 ; LECESTRE, 92 ; H. MORET, *Le Cr.*, 152-4 ; P. GRÉGOIRE, *État du dioc. de Nantes en 1790*, II, 41 ; FLAVIEN DE BLOIS, *Stat. des Francisc. dans la Loire-Inf.*, 12-13 ; 17-19 ; TRAVERS, *Hist. de Nantes*, III, 223.

CROULAY (LE) (Indre-et-Loire), arr. de Chinon, cant. de l'Ile-Bouchard, comm. de Panzoult. — Couvent de Frères Mineurs fondé en 1439. De 1439-1517, à la vicairie des Observants de Touraine. De 1517-1771, à la prov. de Touraine-Pictavienne. De 1771-Révolution, à la prov. des Conventuels de Touraine. — GONZAGA, 692 ; LECESTRE, 77 ; CARRÉ DE BUSSEROLLE, *Dict. d'Indre-et-Loire*, II, 437.

CUBURIEN. — Couv. de Cordeliers, puis de Récollets. — Cf. MORLAIX.

DECIZE (Nièvre), arr. de Nevers, ch.-l. de c. — Monastère de Clarisses Colettines fondé en 1419. L'historien Fr. de Gonzague, place ce monastère dans la prov. de Bourgogne, p. 594, et dans la prov. de Touraine, p. 683. Au XVe siècle il dut appartenir à la Touraine, car Guillaume de Vaurouillon, qui était provincial, en tira des religieuses pour fonder le monastère de Nantes. — Cf. les références dans la *Revue d'hist. francisc.*, 1927, t. IV, p. 487.

DINAN (Côtes-du-Nord), ch.-l. d'arr. — Couvent de Frères Mineurs fondé en 1241. — De 1241-1771, à la prov. de Touraine. De 1771-Révolution, à la prov. des Conventuels de Touraine. — EUBEL, *Prov.*, 16 ; GONZAGA, 675 ; Arch. dép. Côtes-du-Nord, H ; Arch. dép. Ille-etVilaine, C 1246 ; LECESTRE, 77 ; E. LAUNAY et H. LEGÉNISEL, *Hist. de D.*, 103-106.

DINAN (Côtes-du-Nord). — Couvent de Capucins fondé en 1620. De 1620-1629, à la prov. de Touraine. De 1629-Révolution, à la prov. de Bretagne. — *Bull. Cap.*, V, 395 ; LECESTRE, 92.

— Monastère de Clarisses Colettines fondé en 1480 (en 1482, selon TOUSSAINT DE S. LUC, *Mém. sur l'état du clergé de Bretagne*, 116) ; il persévéra jusqu'à la Révolution. — *La France francisc.*, 1922, V, 328-348 ; Arch. dép. Côtes-du-Nord, LV, 10 ; E. LAUNAY, *op. cit.*, 71-72.

DOL (Ille-et-Vilaine), arr. de Saint-Malo, ch.-l. de c. — Couvent de Récollets établi en 1634 par l'évêque François de Laval-Montmorency. Il ne subsista que peu de temps. — OGÉE, *Dict. hist. de Bretagne*, I, 232, 251.

DOUÉ (Maine-et-Loire), arr. de Saumur, ch.-l. de c. — Couvent de Récollets fondé vers 1602. De 1603-1612, à la custodie des Récollets dans la prov. de Touraine-Pictavienne. De 1612-1619, à la prov. de Saint-Denis. De 1619-Révolution, à la prov. de la Madeleine. — *Ann. Min.*, XXV, 6, 346 ; *Études francisc.*, 1904, XII, 310 ; LECESTRE, 105 ; *Pouillé dioc. Angers*, 1783, 287 ; C. PORT, *Dict. hist. de Maine-et-Loire*, II, 58 ; F. UZUREAU, *Le Clergé de D. pendant la Révolution*, 2-8 ; ARMEL D'ÉTEL, *Les Franciscains de Maine-et-Loire pendant la Révolution*, Angers, 1908 (Extr. *Revue de l'Anjou*).

DURTAL (Maine-et-Loire), arr. de Baugé, ch.-l. de c. — Couvent de Récollets fondé à Saint-Gilles, dans la forêt de Chambiers dès 1619, au moins. De 1619 à 1789, date de son abandon, à la prov. des Récollets de la Madeleine. — *Ann. Min.*, XXV, 347 ; C. PORT, *Dict. hist. de Maine-et-Loire*, I, 584 ; III, 386 ; LECESTRE, 105 ; *Pouillé dioc. Angers*, 1783, 287 ; *Études francisc.*, 1903, IX, 81 ; 1904, XI, p. 216 ; J. DENAIS, *L'Hospice des Récollets de Chambiers, près Durtal*, dans *Revue de l'Anjou*, XLIV, 384 ; ARMEL D'ÉTEL, *Les Franciscains de Maine-et-Loire pendant la Révolution*, Angers, 1908 (Extr. *Revue de l'Anjou*).

ERMITAGE (L'). — Cf. NANTES. Couvent des Capucins de l'Ermitage.

FERTÉ-BERNARD (LA) (Sarthe), arr. de Mamers, ch.-l. de c. — Couvent de Récollets fondé à Cherré, près de la Ferté en 1602. De 1602-1612, à la custodie des Récollets dans la province de Touraine-Pictavienne. De 1612-1619, à la province de Saint-Denis. De 1619-Révolution à la province de la Madeleine. — *Ann. Min.*, XXV, 347 ; P. CALENDINI, *Les Récollets de Cherré près de la Ferté-Bernard* (1612-1789), dans *la Province du Maine*, III, 328, 365 ; IV, 17, 86 (il indique 1612 comme date de la fondation, tandis que les listes officielles ne mentionnent le couvent qu'en 1619) ; PIOLIN, *Hist. égl. du Mans*, VI, 11 et 70 ; *Études francisc.*, 1904, XII, 310 ; LECESTRE, 105 ; L. CHARLES, *Hist. de la F.-B.*, 23.

FLÈCHE (LA) (Sarthe), ch.-l. d'arr. — Couvent d'Observants fondé en 1488 (en 1484, selon L. BESNARD, *Un Mon. de Clarisses à Beaumont-le-Vicomte*, p. 7, n° 1). De 1488-1517, à la vicairie observante de Touraine. De 1517-1612, à la prov. de Touraine-Pictavienne. (Depuis 1604, il dut appartenir au groupement des Récollets.) De 1612-1619, à la province de Saint-Denis. De 1619-Révolution, à la prov. de la Madeleine. — GONZAGA, 692 ; *Ann. Min.*, XXV, 6, 346 ; *Pouillé dioc. Angers*, 1783, 286 ; PIOLIN, *Hist. de l'égl. du Mans*, t. VI-VIII ; *Remarques hist. sur le couv. des Réc. de la Fl.*, Arch. dép. Sarthe H 1285 ; voir aussi H 1286-1306 (1488-1773) ; *Cat. gén. des mss.*, XXX, Angers, n° 872 ; LECESTRE, 105 ; J.-R. PESCHE, *Dict. stat. de la Sarthe*, II, 389 ; Ch. de MONTZEY, *Hist. de la Fl.*, II, 335-338 ; F. UZUREAU, *Un Réc. de la Fl.*, dans *Ann. fléch.*, 1903, II, 173-174.

— Couvent de Capucins fondé en 1635. De 1635-1648, à la prov. de Touraine. De 1648-Révolution, à la province de Bretagne. — *Bull. Cap.*, V, 395 ; PIOLIN, *op. cit.*, t. VII-VIII ; Arch. dép. Sarthe, H 1307-1309 (1635-1768) ; LECESTRE, 92 ; *Pouillé, loc. cit.* ; PESCHE, *loc. cit.* ; Ch. de MONTZEY, *op. cit.*, II, 339-340 ; P. CALENDINI, *L'Inondation du Loir et l'inscr. du couv. des Cap.*, dans *Ann. flèch.*, 1906, 1-17.

— Monastère de Cordelières de la Madeleine (T. O. R.), fondé en 1484 par Jeanne, fille de Jean III du Bellay. — MORÉRI, *Dict. hist.*, art. « Bellay » ; *Pouillé, loc. cit.*; *Études francisc.*, 1901, VI, 397 ; Bibl. cap., n° 283, 474 : Arch. dép. Sarthe, H 1682-1699 (1542-1785) ; Ch. de MONTZEY, *Hist. de la Fl.*, I, 236 ; II, 344-345 ; F. UZUREAU, *les Religieuses de la Fl. en 1790*, dans *Ann. fléch.*, 1903, II, 7-8.

FOLGOAT (LE) (Finistère), arr. de Brest, cant. de Lesneven. — Résidence de Récollets de la prov. de Bretagne, entre 1694 et 1733. — COURTECUISSE, *Tables capitulaires*, p. XXVII.

FONTENAY-LE-COMTE (Vendée), ch.-l. d'arr. — Couvent d'Observants fondé antérieurement à 1389. Jusqu'en 1415, au groupe des Observants français. De 1415-1517, à la vicairie des Obs. de Touraine. De 1517-1771, à la prov. de Touraine-Pictavienne. De 1771-Révolution, à la prov. des Conventuels de Touraine. — GONZAGA, 688 ; *Études francisc.*, 1901, VI, 403 ; LECESTRE, 76 ; *État du Poitou sous Louis XIV*, 84, 414, 428 ; R. VALLETTE, *Les Établ. rel. de F. le C.* (Extr. *Rev. hist. Ouest*, 1886), 10-13.

— Couvent de Capucins fondé en 1610. De 1610-1648, à la prov. de Touraine. De 1648-Révolution, à la prov. de Bretagne. — *Bull. Cap.*, V, 395 ; LECESTRE, 92 ; *État du Poitou sous Louis XIV*, 84, 414, 428 ; R. VALLETTE, *Les Établ. rel. de F. le C.*, 6-7 ; DEDOUVRES, *Le P. Joseph*, dans *Rev. Fac. cath. Ouest*, 1916, 747-790.

— Monastère de Tiercelines, ou de Sainte-Élisabeth fondé en 1460. Un arrêt du Conseil d'État de 1749 leur interdit de recevoir des novices. — Ms. de Sainte-Geneviève, n° 710, f. 26 ; Arch. dép. Charente-Inférieure, G 113 ; *État du Poitou sous Louis XIV*, 84, 414, 429 ; R. VALLETTE, *op. cit*, 13-14.

FOUGERAY (LE), appelé aussi LA RALLERIE (Vienne), arr. de Montmorillon, cant. de Lussac, comm. de Queaux. — Couvent de Frères Mineurs fondé le 8 décembre 1416. De 1428-1517, à la vicairie observante de Touraine. De 1517-1771, à la prov. de Touraine-Pictavienne. De 1771-Révolution, à la prov. des Conventuels de Touraine. — GONZAGA, 693; Ms. de D. Fonteneau, à la bibl. de Poitiers, XXIV, 259 (Copie à la Bibl. nat., ms. lat. 18399); LECESTRE, 76; H. BEAUCHET-FILLEAU. *Pouillé du dioc. de Poitiers* (pouillé 1782), 105; L. RÉDET, *Dict. top. de la Vienne*, 133.

FOUGÈRES (Ille-et-Vilaine), ch.-l. d'arr. — Cf. LANDÉDAN, couvent de Cordeliers.

— Couvent de Récollets fondé en 1607. De 1619-Révolution, à la prov. de la Madeleine. — *Ann. Min.*, XXV, 347; LECESTRE, 105; *Revue de Bretagne*, 1897, XVII, 425; A. BERTIN et L. MAUPILLÉ, *Not. hist. et stat. sur Fougères*, 177-178; GUILLOTIN de CORSON, *Pouillé hist. du dioc. de Rennes*, III, 163-164.

— Monastère d'Urbanistes fondé en 1633; il subsista jusqu'à la Révolution. — ACHILLE LÉON, *Les Clarisses Urbanistes de Fougères*, 1633-1792, dans *La France Franciscaine*, 1925, VII, 353-408; A. BERTIN, *op. cit.*, 178-179; GUILLOTIN DE CORSON, *Pouillé hist. du dioc. de Rennes*, III, 228-230.

GIEN (Loiret), ch.-l. d'arr. — Couvent de Capucins fondé en 1613. De 1613-Révolution, à la prov. de Touraine. — *Bull. Cap.*, V, 391; LECESTRE, 90; PATRON, *Rech. hist. sur l'Orléanais*, III, 448; DUCHATEAU, *Hist. du dioc. d'Orléans*, 283, 284, n. 1.

GUÉMENÉ (Morbihan), arr. de Pontivy, ch.-l. de cant. — Résidence de Récollets de la prov. de Bretagne, entre 1642 et 1672. — COURTECUISSE, *Tables capitulaires*, p. XVII.

GUICHE (LA) (Loir-et-Cher), près Blois. Monastère de Clarisses Urbanistes fondé en 1277; il subsista jusqu'à la Révolution. — *Gall. christ.*, VIII, col. 1404-1407; J. LAURAND, *Notice hist. sur l'abbaye de N.-D. de la Garde, dite de la Guiche*, dans *Mém. Soc. Antiq. du Centre*, 1872, IV, 184-198; J. DE MARTONNE, *Notice hist. sur l'abb. de la G. près de Blois*, dans *Mémoires lus à la Sorbonne*, 1861-63, p. 155-160; GONZAGA, 682; *Ann. Min.*, V, 27, 190, 193, 227, 229, 248, 506, 516.

GUINGAMP (Côtes-du-Nord), ch.-l. d'arr. — Couvent de Frères Mineurs fondé en 1283. De 1283-1771, à la prov. de Touraine. De 1771-Révolution, à la prov. des Conventuels de Touraine. — EUBEL, *Prov.*, 16; GONZAGA, 676; *Ann. Min.*, VI, 63, 125, 343; VII, 76, 116, 250, 322, 325, 553; *Établissement des Cordeliers à Guingamp*, Bibl. nat., ms. fr. 22343, f. 241; LECESTRE, 77.

— Couvent de Capucins fondé en 1615. De 1615-1629, à la prov. de Touraine. De 1629-Révolution, à la prov. de Bretagne. — *Bull. Cap.*, V, 395; LECESTRE, 92; Arch. dép. Ille-et-Vilaine, C 2495; J. DUMESNIL, *Hist. de Morlaix*, 403.

HENNEBONT (Morbihan), arr. de Lorient, ch.-l. de cant. — Couvent de Capucins, fondé en 1633. De 1633-Révolution, à la prov. de Bretagne. — *Bull. Cap.*, V, 395; LECESTRE, 93; J. LE MENÉ, *Les Capucins d'H.*, dans *Bull. Soc. polym. Morbihan*, 1906, 202-209; TOUSSAINT DE S. LUC, *Mém. sur l'état du clergé de Bretagne*, 110;

ROSENZWEIG, *Dict. top. du Morbihan*, 96 ; LE MENÉ, *Hist. des par. du dioc. de Vannes*, I, 342 ; J. MOISAN, *la Propriété eccl. dans le Morbihan*, 66.

ILE-BOUCHARD (L') (Indre-et-Loire), arr. de Chinon, ch.-l. de cant. — Couvent de Frères Mineurs fondé en 1634. Jusqu'à 1771, à la prov. de Touraine-Pictavienne. De 1771-Révolution, à la prov. des Conventuels de Touraine. — CARRÉ DE BUSSEROLLE, *Dict. d'Indre-et-Loire*, III, 365 ; HERMANT, II, 172 ; LECESTRE, 77.

ILE-VERTE (L') (Côtes-du-Nord), arr. de Saint-Brieuc, cant. de Paimpol, comm. de Bréhat. — Couvent d'Observants fondé entre 1415 et 1436 (en 1434, selon TOUSSAINT DE S. LUC, *Mémoire sur l'état du clergé de Bretagne*, 108). Jusqu'en 1517, à la vicairie des Obs. de Bretagne. De 1577-Révolution à la prov. de Bretagne. Il devint récollet en 1632. — GONZAGA, 888 ; *Ann. Min.*, X, 278 ; COURTECUISSE, *Tables capitulaires*, IV ; LECESTRE, 100 ; Arch. dép. Finistère, 23 H 1 ; Arch. dép. Ille-et-Vilaine, C 159 ; P. de COURCY, *Not. hist. sur L.*, 2e éd., 30.

ILE-VIERGE (L') (Finistère), arr. de Brest, cant. de Lannilis, en face de Landeda. — Ce couvent d'Observants placé sous le vocable de Notre-Dame des Anges, était fondé dès 1448. Il subsista jusqu'à 1507 et fut abandonné peu après. Il dépendait de la vicairie observante de Bretagne. — Cf. ABERVRAC'H. — GONZAGA, 889 ; *Ann. Min.*, XII, 13, 510 ; COURTECUISSE, *Tables capitulaires*, x ; Arch. dép. Finistère, 23 H 27.

ISSOUDUN (Indre), ch.-l. d'arr. — Couvent de Frères Mineurs fondé vers 1260. De 1260-1771, à la prov. de Touraine. De 1771-1784, à la prov. des Conventuels de Touraine. — EUBEL, *Prov.*, 15 ; GONZAGA, 673 ; *Ann. Min.*, IV, 161 ; *Bullar. francisc.*, V, p. 84 ; LECESTRE, 76 ; Arch. dép. Indre, H 585-587 (1544-1787) ; J. CHEVALIER, *Hist. rel. d'I.*, 209-217 ; E. HUBERT, *Dict. hist. de l'Indre*, 188 (fixe la fondation à 1250).

— Couvent de Capucins fondé en 1620. De 1620-Révolution, à la prov. de Touraine. — *Bull. Cap.*, V, 391 ; LECESTRE, 90 ; J. CHEVALIER, *op. cit.*, 218-219 ; E. HUBERT, *loc. cit.* (fixe la fondation à 1615).

LAFOND (Charente-Inférieure), localité à une demi-lieue de la Rochelle. — Couvent d'Observants fondé en 1461. De 1461-1517, à la vicairie des Obs. de la prov. de Touraine. De 1517-1623, à la prov. de Touraine-Pictavienne. En 1631 les Cordeliers quittèrent Lafond « sous le bon plaisir du roi... et à la sollicitation des principaux catholiques de la paroisse, pour habiter (disent-ils) où nous sommes », en ville. Depuis 1771 jusqu'à la Révolution, à la prov. des Conventuels de Touraine. — GONZAGA, 691 ; Cl. GELÉZEAU, *Glanes Rochelaises*, Bordeaux, 1927, p. 33 ; *Cat. gén. des mss.*, VIII, La Rochelle, n° 127 (3160), f. 120-124 ; Arch. de la Charente-Inf., H 90.

— Monastère de Cordelières (T. O. R. ?) établi par Marguerite de Montbron, dame de Montroy, mariée en 1418... En 1576 le couvent était détruit. — Cl. GELÉZEAU, *Glanes Rochelaises*, p. 20-23.

LANDÉDA (Finistère), arr. de Brest, cant. de Lannilis. — Voir ABERVRAC'H.

LANDÉDAN, dans la forêt de Fougères, ch.-l. d'arr. (Ille-et-Vilaine). — Couvent de Frères Mineurs fondé en 1441 (en 1443, selon TOUSSAINT DE S. LUC, *Mémoires sur l'état du clergé en Bretagne*, 108). De 1441-1771, à la prov. de Touraine. De 1771-Révolution, à la prov. des Conventuels de Touraine. — GONZAGA, 674; Arch. de la Loire-Inf., E 84 (ancien Trésor des Chartes, F. A. 16); LECESTRE, 76; E. PAUTREL, *Le Couv. de Saint-François de la forêt de Fougères*, Rennes, s. d. (cf. *Rev. hist. francisc.*, 1926, III, 327); GUILLOTIN DE CORSON, *Pouillé hist. du dioc. de Rennes*, III, 138-142.

LANDERNEAU (Finistère), arr. de Brest, ch.-l. de c. — Couvent d'Observants fondé en 1490 (en 1484, selon TOUSSAINT DE S. LUC, *Mémoires sur l'état du clergé de Bretagne*, 109). De 1490-1517, à la vicairie des Obs. de Bretagne. De 1517-Révolution, à la prov. de Bretagne. Il devint récollet en 1663. — GONZAGA, 891; *Ann. Min.*, XIX, 389; COURTECUISSE, *Tables capitulaires*, p. XXIV; LECESTRE, 100; Arch. dép. Finistère, 23 H 29 (1611-1685); Arch. dép. Ille-et-Vilaine, C 630; P. de COURCY, *Not. hist. sur L.*, 2e éd., 30-31.

— Couvent de Capucins fondé en 1634. De 1634-Révolution, à la prov. de Bretagne. — *Bull. Cap.*, V, 395; LECESTRE, 92; TOUSSAINT DE S. LUC, *Mémoire sur l'état du clergé de Bretagne*, 110.

LANNION (Côtes-du-Nord), ch.-l. d'arr. — Couvent de Capucins fondé en 1622. De 1622-1629, à la prov. de Touraine. De 1629-Révolution, à la prov. de Bretagne. — *Bull. Cap.*, V, 395; LECESTRE, 92; A. LE NEPVOU DE CARFORT, *Not. hist. sur L.*, 2e éd., 49-50.

LAVAL (Mayenne). — Couvent d'Observants fondé vers 1396. De 1396-1415, au groupe des Observants français. De 1415-1517, à la vicairie des Obs. de Touraine. De 1517-1771, à la prov. de Touraine-Pictavienne. De 1771-Révolution, à la prov. des Conventuels de Touraine. — GONZAGA, 686; LECESTRE, 76; ANGOT, *Dict. hist. de la Mayenne*, II, 598-600; PIOLIN, *Hist. égl. du Mans*, t. V-X; Cl. MOREL, *Les Cordeliers de L., leur couv., leur chapelle*, Laval, 1926, in-16; L.-J. MORIN DE LA BEAULUÈRE, *Ét. sur les communautés et chapitres de L.*, 328-348; I. BOULLIER, *Mém. eccl. concernant la ville de L.*, 2e éd., 407-408.

— Couvent de Capucins fondé en 1613. De 1613-1629, à la prov. de Touraine. De 1629-Révolution, à la prov. de Bretagne. — *Bull. Cap.*, V, 395; LECESTRE, 92; ANGOT, *Dict. hist. de la Mayenne*, II, 601-2; PIOLIN, *Hist. de l'égl. du Mans*, t. VI-IX; L.-J. MORIN DE LA BEAULUÈRE, *op. cit*, 201-209; I. BOULLIER, *op. cit.*, 409-410.

— Monastère de Clarisses, dit de « Patience », fondé pour des Tiercelines, en 1494, qui en 1526 se muèrent en Clarisses Urbanistes. Il subsista jusqu'à la Révolution. — GONZAGA, 697; ANGOT, *Dict. hist. de la Mayenne*, II, 603-605; Bibl. cap., n° 283; Arch. dép. Mayenne, H 110-111 (1730-1788); L. BESNARD, *Un Mon. de Clarisses à Beaumont-le-Vicomte*, 5-9; L.-J. MORIN DE LA BEAULUÈRE, *op. cit.*, 179-200.

LESNEVEN (Finistère), arr. de Brest, ch.-l. de c. — Couvent de Récollets fondé en 1625. De 1625-Révolution, à la prov. des Réc. de Bretagne. — COURTECUISSE, *Tables capitulaires*, p. XXVI ; LECESTRE, 100 ; Arch. dép. Finistère, 23 H 30 (1630-1790) ; *Notice sur la ville de Lesneven*, Rennes, 1825, 94 (reporte la fondation à 1628).

LOCHES (Indre-et-Loire), ch.-l. d'arr. — Couvent fondé en 1235. Jusqu'à fin 1239, à la prov. de France. De 1239-1771, à la prov. de Touraine, à partir de 1771 à la prov. des Conventuels de Touraine ; supprimé par lettres patentes en 1774. — EUBEL, *Prov.*, 15 ; GONZAGA, 673 ; *Ann Min.*, II, 434 ; Bibl. nat., ms. fr. 13856, p. 310-313 ; CARRÉ DE BUSSEROLLE, *Dict. d'Indre-et-Loire*, IV, 100 ; Cte BOULAY DE LA MEURTHE, *Hist. des guerres de rel. à Loches et en Touraine* (Mém. de la Soc. arch. de Touraine, XLV), 1906, 278, n. 2 ; LECESTRE, 77 ; E. HAT, *Hist. de la ville de L.*, 221.

— Couvent de Capucins fondé en 1618. De 1618-Révolution, à la prov. de Touraine. — *Bull. Cap.*, V, 391 ; LECESTRE, 91 ; E. HAT, *op. cit.*, 221.

LUCINGE-SUR-DIVE (Deux-Sèvres), arr. et cant. de Loudun. — Monastère de Clarisses, fondé le 24 avril 1626 et transféré à Thouars en 1652. — H. IMBERT, *Hist. de Thouars*, 291-292.

LOUDUN (Vienne), ch.-l. d'arr. — Couvent de Frères Mineurs fondé en 1242. De 1242-1771, à la prov. de Touraine. De 1771-Révolution, à la prov. des Conventuels de Touraine. — EUBEL, *Prov.*, 16 ; GONZAGA, 678 ; *Ann. Min.*, V, 156 ; VII, 174 ; LECESTRE, 76 ; A. LEROSEY, *Loudun, hist. civile et religieuse*, Loudun, 1908, 250-252 (cf. *France francisc.*, I, 266) ; Arch. comm. Loudun, GG 244, registre de vêtures, professions et décès (1743-1789) ; *Pouillé du dioc. de Poitiers*, 1782, 29 ; H. MORANVILLÉ, *Charles d'Artois*, dans *Bibl. Éc. Chartes*, 1907, 433-80.

— Couvent de Capucins fondé en 1616. De 1616-Révolution, à la prov. de Touraine. — *Bull. Cap.*, V, 391 ; Arch. comm. Loudun, item ; *Pouillé...* 39 ; LECESTRE, 91 ; LEROSEY, *op. cit.*, 249-352.

LOUISBOURG, en l'Ile-Royale (Canada). — Résidence de la mission des Récollets de la prov. de Bretagne, existant en 1718. — COURTECUISSE, *Tables capitulaires*, p. XXX.

LUÇON (Vendée), arr. de Fontenay-le-Comte, ch.-l. de c. — Couvent de Capucins fondé en 1619. De 1619-1648, à la prov. de Touraine. De 1648-Révolution, à la prov. de Bretagne. — *Bull. Cap.*, V, 395 ; LECESTRE, 92 ; *État du Poitou sous Louis XIV*, 416 ; N. LABAULÈRE, *Recherches hist. sur L.*, 78 (reporte la fondation définitive à 1627).

LUDE (LE) (Sarthe), arr. de la Flèche, ch.-l. de c. — Couvent de Récollets fondé avant 1619. De 1619-Révolution, à la prov. de la Madeleine. — *Ann. Min.*, XXV, 347 ; LECESTRE, 105 ; *Pouillé dioc. Angers*, 1783, 287 ; *Études francisc.*, 1903, IX, 81 ; 1904, XI, 217 ; J.-R. PESCHE, *Dict. stat. de la Sarthe*, II, 691 ; Dr. CANDÉ, *Chez les*

PP. Réc. du L. en 1790 et 1791, dans *Ann. fléchoises*, 1903, II, 153-167.

LE LUDE (Sarthe) — Monastère de Clarisses Urbanistes existant en 1644. — *Les Archives du Cogner*, Le Mans, t. I, 1903.

MACHECOUL (Loire-Inférieure), arr. de Nantes, ch.-l. de c. — Couvent de Capucins fondé en 1615 (remonterait à 1579, selon P. GRÉGOIRE, *État du dioc. de Nantes en 1790*, II, 41-2). De 1615-1629, à la prov. de Touraine. De 1629-Révolution, à la prov. de Bretagne. — *Bull. Cap.*, V, 395 ; LECESTRE, 92 ; FLAVIEN DE BLOIS, *Stat. des Francisc. dans la Loire-Inf.*, 12-14.

MADELEINE (LA). — Province de Récollets fondée en 1619. Elle subsista jusqu'à la Révolution. On l'appela aussi province des Récollets d'Anjou. — *Ann. Min.*, XXV, 346. Cf. plus haut, p. 309.

MANS (LE) (Sarthe). — Couvent de Frères Mineurs fondé vers 1220. De 1220-1239, à la prov. de France. De 1239-1771, à la prov. de Touraine. De 1771-Révolution, à la prov. des Conventuels de Touraine — EUBEL, *Prov.*, 15 ; GONZAGA, 668 ; *Ann. Min.*, III, 190 ; VI, 531 ; *Cat. gén. des mss.*, XX, Le Mans, n° 474, XVIII, 118-130 ; LECESTRE, 76 ; Arch. dép. Sarthe, H 1230-1282 (1485-1790) ; *Rech. sur l'hist. des confréries du Mans*, 177-180 ; PIOLIN, *Hist. de l'égl. du Mans*, t. IV-IX ; F. LEGEAY, *Notes hist. sur la ville du Mans, Robert Garnier et le couvent des Cordeliers*, 7-14 ; F. LEGEAY, *Doc. hist. sur la vente du mobilier des églises de la Sarthe*, 3-8 ; H. CHARDON, *Le Sépulcre de la cath. du Mans*, dans *Bull. Soc. Agr. Sarthe*, 2e série, XI (1869-70), 205.

— Couvent de Capucins fondé en 1602. De 1602-1629, à la prov. de Touraine. De 1629-Révolution, à la prov. de Bretagne. — *Bull. Cap.*, V, 395 ; LECESTRE, 92 ; *Chroniques du couvent des Capucins du M.*, Bibl. de Rennes, ms. 766 ; PIOLIN, *Hist. égl. du Mans*, t. VI-IX ; F. LEGEAY, *op. cit.*, 1-3.

MARANS (Charente-Inférieure), arr. de La Rochelle, ch.-l. de c. — Couvent de Capucins fondé en 1626. De 1626-1648, à la prov. de Touraine. De 1648-Révolution, à la prov. de Bretagne. — *Bull. Cap.*, V, 395 ; P. FLEURY, *Le Couv. des Cap. de M.*, La Rochelle, 1904 (Extr. du *Rec. de la Comm. des arts et mon. hist. de la Charente-Inf.*) ; LECESTRE, 92 ; *Ét. francisc.*, XIV, 425 ; P. LEMONNIER, *Le Clergé de la Charente-Inf. pendant la Révolution*, 105.

Mautaria, Couvent ne figurant sur aucune autre liste que EUBEL, *Die Avignon. Obedienz*, p. 145, n° 1077.

MAYENNE (Mayenne), ch.-l. d'arr. — Couvent de Capucins fondé en 1606. De 1606-1629, à la prov. de Touraine. De 1629-Révolution, à la prov. de Bretagne. — *Bull. Cap.*, V, 395 ; LECESTRE, 92 ; *Études francisc.*, XI, 212 ; A. ANGOT, *Dict. hist. de la Mayenne*, II, 826-827 ; PIOLIN, *Hist. de l'égl. du Mans*, t. VI-IX ; A. GROSSE-DUPERRON, *Le Couv. des Cap. de Mayenne*, Mayenne, 1903.

MELLE (Deux-Sèvres), ch.-l. d'arr. — Couvent de Capucins fondé en 1646. De 1646-Révolution, à la prov. de Touraine. — *Bull. Cap.*, V,

391 ; LECESTRE, 91 ; *État du Poitou sous Louis XIV*, 409 ; *Pouillé du dioc. de Poitiers*, 1782, 39 ; G. LÉVRIER, *Précis hist. de la ville de M.*, 94-95 ; B. LEDAIN, *Dict. top. des Deux-Sèvres*, 175 (fait remonter la fondation à 1613).

MERBAULT. — Couvent de Cordeliers mentionné en 1733 dans les Archives de la Charente-Inférieure, G 181 ; doit être identifié avec Mirebeau.

MEUNG-SUR-LOIRE (Loiret), arr. d'Orléans, ch.-l. de c. — Couvent d'Observants fondé en 1459. Jusqu'en 1517, à la vicairie des Obs. de Touraine. De 1517-1771, à la prov. de Touraine-Pictavienne. De 1771-Révolution, à la prov. des Conventuels de Touraine. — GONZAGA, 691 ; LECESTRE, 76 ; S. GUYON, *Hist. de l'égl. d'Orléans*, II, 288 ; DUCHATEAU, *Hist. du dioc. d'Orléans*, 212.

MIREBEAU (Vienne), arr. de Poitiers, ch.-l. de c. — Couvent de Frères Mineurs fondé vers 1226. De 1226-1239, à la prov. de France ou de Provence. De 1239-1415, à la prov. de Touraine. De 1415-1771, à la prov. de Touraine-Pictavienne. De 1771-Révolution, à la prov. des Conventuels de Touraine. — EUBEL, *Prov.*, 16 ; GONZAGA, 686 ; *Anal. francisc.*, II, 359-60 ; Coll. Fonteneau à la bibl. de Poitiers, XVIII, 231, 233, 257, 259, concernant la tentative des Récollets de s'établir à Mirebeau, 1612-1626 ; LECESTRE, 76 ; L. REDET, *Dict. topogr. de la Vienne*, 266 ; *Pouillé du dioc. de Poitiers*, 1782, 39 ; E. CHEVALLIER, *Faits et anecd. rel. à la ville de M.*, 77-79 ; 644-646.

— Monastère de Tiercelines de Sainte-Élisabeth suivant la règle de Château-Gontier, fondé au ve siècle. — L. REDET, *Dict. topogr. de la Vienne*, 266 ; *Études francisc.*, 1901, VI, p. 377 ; *Pouillé du dioc. de Poitiers*, 1782, 43 ; LALANNE, *Hist. de Chatellerault*, II, 169-170.

MONTS-SUR-GUESNES (Vienne), arr. de Loudun, ch.-l. de cant. — Monastère de Tiercelines, fondé en 1671 et réuni à celui de Poitiers en 1765. — L. RÉDET, *Dict. topogr. de la Vienne*, 278 ; HERMANT, *Hist. des Ordres religieux*, II, 173.

MONTJEAN (Maine-et-Loire), arr. de Cholet, cant. de Saint-Florent-le-Vieil. — Couvent de Frères Mineurs fondé en 1493. De 1493-1771, à la prov. de Touraine. De 1771-Révolution, à la prov. des Conventuels de Touraine. — GONZAGA, 674 ; C. PORT, *Dict. hist. de Maine-et-Loire*, II, 713-714 ; LECESTRE, 75 ; Arch. dép. Ille-et-Vilaine, C 167, 213 ; *Pouillé dioc. Angers*, 1783, 287 ; ARMEL D'ÉTEL, *Les Franciscains de Maine-et-Loire pendant la Révolution*, Angers, 1908 (Extr. *Revue de l'Anjou*).

MONTSOREAU (Maine-et-Loire), arr. et cant. de Saumur. — Couvent de Frères Mineurs fondé vers 1509, qui ne subsista que deux ou trois ans. — C. PORT, *Dict. hist. de Maine-et-Loire*, II, 735.

MORLAIX (Finistère), ch.-l. d'arr. — Couvent d'Observants, à Cuburien, sur les bords de la rivière, à 2 kil. de la ville, fondé en 1458 (en 1430, selon TOUSSAINT DE S. LUC, *Mémoires sur l'état du clergé de Bretagne*, 107). De 1458-1517, à la vicairie des Obs. de Bretagne. De 1517-Révolution, à la prov. de Bretagne. Il avait passé aux Récollets en 1621. — GONZAGA, 889; COURTECUISSE, *Tables capitulaires*, p. XVIII; HERMANT, *Hist. des Ordres rel.*, II, 409; LECESTRE, 100; Arch. dép. Finistère, 23 H 17-26 (1475-1792); J. DAUMESNIL, *Hist. de M.*, 404-408.

MORLAIX (Finistère). — Couvent de Capucins fondé en 1611. De 1611-1629, à la prov. de Touraine. De 1629-Révolution, à la prov. de Bretagne. — *Bull. Cap.*, V, 395; LECESTRE, 92; Arch. dép. Finistère, 14 H 2-4 (1614-1790); J. DAUMESNIL, *op. cit.*, 402-3.

MORTIÉCROLLE. — Cf. ANGES (LES). Couv. de Cordeliers.

NANTES (Loire-Inférieure). — Couvent de Frères Mineurs fondé en 1250. De 1250-1771, à la prov. de Touraine. De 1771-Révolution, à la prov. des Conventuels de Touraine. — EUBEL, *Prov.*, 16; GONZAGA, 674; P. GRÉGOIRE, *État du dioc. de N. en 1790*, II, 32; FLAVIEN DE BLOIS, *Stat. des Francisc. de la Loire-Inf.*, 8-9; TRAVERS, *Hist. de la ville de Nantes*, I, 356, 370, 371, 400, 413, 414; II, 311; III, 276, 277, 460; Arch. dép. Loire-Inf., H 283-293 (1483-1789); P. JEULIN, *Le Couv. des Cordeliers de Nantes, vers 1785* (*Mém. de la Soc. d'hist. et d'archéol. de Bretagne*, Rennes-Paris, 1927, p. 239-256); LECESTRE, 76; Arch. dép. Ille-et-Vilaine, C 1246; Arch. comm. Nantes, BB 26, 87; CC 99, 112, 127, 212, 300, 380, 493; DD 372; EE 133; GG 233, 486, 612, 651, 695, 791; HH 89, 92, 95, 98, 106-7, 117-8, 126, 129-130, 136-7, 143, 150, 153, 161, 163-4, 166, 173-4, 176, 179, 193-4; II 4-5; *Liste des Fr. Pénitents du Tiers-Ordre érigé dans le couvent des Cordeliers à Nantes pour 1768* (Bibl. nat. Lk[7] 5511).

— Couvent de Récollets fondé avant 1613 (en 1617, selon TOUSSAINT DE S. LUC, *Mém. sur l'état du clergé de Bretagne*, 110). De 1613-Révolution, à la prov. de la Madeleine. — *Ann. Min.*, XXV, 347; P. GRÉGOIRE, *op. cit*, II, 37-9; FLAVIEN DE BLOIS, *op. cit.*, 10-12; TRAVERS, *Hist. de Nantes*, III, 192, 217, 219, 245, 263, 289, 335, 376, 419; HERMANT, *Hist. des Ordres rel.*, II, 413; LECESTRE, 105; Arch. dép. Ille-et-Vilaine C 1246; Arch. dép. Loire-Inf., H 334-335 (1613-1791); Arch. comm. Nantes, BB 44; CC 191; DD 57, 179, 246, 350; EE 77; GG 46, 113, 123, 166, 485, 546, 550, 554-5, 573, 630 (1641-1739), 755, 762, 782; HH 95; II 97.

— Résidence de Récollets, près du monastère des Clarisses, fondée en 1639. De 1639-Révolution, à la prov. de Saint-Denis. — *Rev. d'hist. francisc.*, 1924, I, 167, 437.

— I. Couvent de Capucins fondé en 1597 (en 1593, selon TOUSSAINT DE S. LUC, *Mémoires sur l'état du clergé de Bretagne*, 109) et TRAVERS, cf. infra). De 1597-1629, à la prov. de Touraine. De 1629-Révolution, à la prov. de Bretagne. — *Bull. Cap.*, V, 395; LECESTRE, 92; Arch. dép. Ille-et-Vilaine, C 1246; Arch. dép. Loire-Inf., C 169; H 333 (1659-1776); Arch. comm. Nantes, BB 29, 31, 37, 45, 48, 110-1; CC 191; DD 226-7, 230, 270, 356; FF 206; GG 92, 224, 247, 485, 554, 590, 594, 604, 620. 636, 742; II 41, 164; P. GRÉGOIRE, *op. cit.*, 14-16; TRAVERS, *Hist. de Nantes*, III, 76, 167, 275.

— II. Couvent de Capucins fondé à l'Ermitage-lès-Nantes, en 1622.

De 1622-1629, à la prov. de Touraine. De 1629-Révolution, à la prov. de Bretagne. — *Bull. Cap.*, V, 395 ; **Lecestre**, 92 ; **Flavien de Blois**, *Les Capucins de l'Ermitage de N.*, Nantes, 1881 ; P. **Grégoire**, *op. cit.*, II, 40-1 ; **Flavien de Blois**, *op. cit.*, 16-7 ; Arch. comm. Nantes, BB 57 ; DD 246, 358 ; GG 620 (1728-1752), II, 46, 165.

NANTES (Loire-Inférieure). – Monastère de Clarisses Colettines fondé en 1457 par des religieuses venues de Decize. Il subsista jusqu'à la Révolution. — **Gonzaga**, 683 ; **Toussaint de S. Luc**, *Mém. sur l'état du clergé de Bretagne*, 116 ; P. **Grégoire**, *op. cit.*, II, 47-9 ; **Flavien de Blois**, *op. cit.*, 12 ; **Emmanuel de Lanmodez**, *Les Clarisses de Nantes*, Vannes, 1894 ; Bibl. Mazarine, Ms. n° 3263 ; *Cat. gén. des mss.*, XXXVI, Carpentras, n° 1910, f. 730-732 ; Arch. dép. Loire-Inf., H 425 (1455-1761) ; Arch. comm. Nantes, AA 59 ; BB 3, 48 ; CC 127, 191, 253, 297, 304, 386 ; DD 28, 38, 295, 363-4 ; FF 127, 167-8 ; GG 482-3, 635 (1498-1726) ; HH 178, 194 ; S. **de la Nicollière Teijeiro**, *Les Saintes-Claires, derniers jours d'un mon. à N.*, Vannes, 1898 (Extr. *Rev. hist. Ouest*).

— Monastère de Tiercelines de Sainte-Élisabeth, déjà établi en 1515. — P. **Grégoire**, *op. cit.*, II, 57-8 ; **Flavien de Blois**, *op. cit.*, 12 ; **Travers**, *Hist. de Nantes*, II, 332-334, III, 275, 327-328 ; Arch. dép. Loire-Inf., H 426 ; Arch. dép. Ille-et-Vilaine, C 1248 ; Arch. comm. Nantes, BB 54, 39 ; DD 274 ; GG 232, 347, 358, 562, 365, 372, 375, 380, 386, 485, 636 (1630-1668) ; II 61, 63, 145.

NEVERS (Nièvre). — Couvent de Frères Mineurs fondé avant 1253. De 1253-1586, à la prov. de Touraine. Passé en 1586 à la prov. de France-Parisienne. — **Eubel**, *Prov.*, 15 ; **Gonzaga**, 591 ; *La France francisc.*, I, 128 ; **Boutillier**, *Des anciens prédicateurs de la ville de Nevers*, Nevers, 1881 ; **Chastellus**, *Charte* [de 1487] *octroyée par le couv. de N.*), dans *Bull. Soc. Niv.*, VIII, 199-201.

— Couvent de Capucins fondé en 1601. De 1601-Révolution, à la prov. de Touraine. — *Bull. Cap.*, V, 391 ; **Lecestre**, 90 ; Arch. comm. Nevers, GG 139, Livre des professions (1744-1758) ; **Boutillier**, *op. cit.*, 22.

NIORT (Deux-Sèvres). — Couvent de Frères Mineurs fondé avant 1260. De 1260 à 1771, à la prov. de Touraine. De 1771-Révolution, à la prov. des Conventuels de Touraine. — **Eubel**, *Prov.*, 16 ; **Gonzaga**, 678 ; *Ann. Min.*, V, 28 ; **Lecestre**, 76 ; *Arch. francisc. hist.*, Quaracchi, 1912, V, 385 ; *État du Poitou sous Louis XIV*, 412 ; *Pouillé du dioc. de Poitiers*, 1782, 40 ; L. **Desaivre**, *Restauration de la chapelle des Cordeliers de Niort*, Niort, 1914 ; B. **Ledain**, *Dict. top. des Deux-Sèvres*, 194.

— Couvent de Capucins fondé en 1614. De 1614-Révolution, à la prov. de Touraine. — *Bull Cap.*, V, 391 ; **Hermant**, *Hist. des Ordres rel.*, II, 427 ; **Lecestre**, 91 ; *État du Poitou sous Louis XIV*, 412 ; *Pouillé...*, 40 ; B. **Ledain**, *loc. cit.* ; **Dedouvres**, *Le P. Joseph*, dans *Rev. Fac. cath. Ouest*, 1916, 747-790.

— Monastère de Tiercelines mentionné en 1698 et 1710. — **Her-**

MANT, II, 173 ; Arch. dép. Charente-Inf., E suppl. 130 : *État du Poitou sous Louis XIV*, 412 ; *Pouillé*..., 44.

NOIRMOUTIER (Vendée), ile relevant de l'arr.des Sables-d'Olonne. — Couvent de Récollets, de la prov. de la Madeleine en 1670. — D. DE GUBERNATIS, *Orbis seraphicus*, Lyon, 1685, IV, 212.

NOTRE-DAME-DES ANGES. — Voir ABERVRAC'H.

NOTRE-DAME DE GRACES (Côtes-du-Nord), arr. et cant. de Guingamp, où fut transféré, après 1591, le couvent des Frères Mineurs de cette ville, après sa destruction au temps des guerres de religion.

NOYEN (Sarthe), arr. et cant. de la Flèche. — Monastère de Tiercelines fondé en 1631. — M. LEVEAU, *Le Couv. des Cordelières de N.*, dans *Ann. fléch.*, 1903, I, 94-100, 211-217; *Études francisc.*, 1904, XI, 215; 1913, XXIX, 63-73; *Les Archives du Cogner*, Le Mans, I, 1903; Bibl. cap., n° 283, 474; P.-R. PESCHE, *Dict. stat. de la Sarthe*, IV, 292; UBALD D'ALENÇON, *Notice et extraits d'un ms. du Mus. Brit.*, Add. 19994, *relatif aux Cordelières de N.*, dans *Ann. fléch.*, 1912, 233-237, 289-297.

OIRON (Deux-Sèvres), arr. de Bressuire, cant. de Thouars. — Monastère de Tiercelines, fondé le 27 juillet 1637 par des religieuses venues de Lucinge. — HERMANT, *Hist. des ordres rel.*, II, 175; ROBUCHON, *Paysages et monuments du Poitou*, 9; BEAUCHET-FILLEAU, *Dict. des familles du Poitou*, art. Louis Gouffier.

OLÉRON (Charente-Inférieure), arr. de Marennes. — Couvent de Frères Mineurs fondé avant 1340. Abandonné à cause des guerres de religion, il fut repris en 1584, et abandonné de nouveau à une date antérieure à 1710. Il appartenait à la prov. de Touraine. — EUBEL, *Prov.*, 16; GONZAGA, 681.

OLONNE (Vendée), arr. et cant. des Sables-d'Olonne. — Couvent d'Observants fondé avant 1506. De 1506-1517, à la vicairie des Obs. de Touraine. De 1517-1771, à la prov. de Touraine-Pictavienne. De 1771-Révolution, à la prov. des Conventuels de Touraine. — HUEBER, *Menologium franciscanum*, Munich, 1698, 143; GONZAGA, 689; LECESTRE, 76; Recueil Thoisy, II, p. 154 (Bibl. nat., E. 2607); Ms. du Sénat, n° 1037, p. 407-433 ; *État du Poitou sous Louis XIV*, 419.

— Voir SABLES D'OLONNE (LES). Capucins.

ORLÉANS (Loiret).— Couvent de Frères Mineurs fondé vers 1240. Jusqu'en 1610, à la prov. de Touraine. De 1610-1612, au groupement des Récollets de Touraine. De 1612-1619, à la prov. de Saint-Denis. De 1619-Révolution, à la prov. des Réc. de la Madeleine. — *Chronica XXIV generalium* (*Anal. francisc.*, III), p. 314; EUBEL, *Prov.*, 15; GONZAGA, 668; LECESTRE, 105; *Ann. Min.*, XXV, 346 ; Ms. de l'Arsenal (à Paris), n° 1008, 3°, p. 14-17; Bibl. nat., ms. lat. 7170 A; *Cat. gén. des mss.* t. XII, Orléans, n° 557, f. 288-291 ; n° 351 ; S. GUYON, *Hist. de l'égl. d'Orléans*, II, 15 ; PATRON, *Rech. hist. sur l'Orléanais*, I, 92 ; DUCHATEAU, *Hist. du dioc. d'Orléans*, 151, etc.

— Custodie dans la prov. de Touraine. — EUBEL, *Prov.*, 15.

— Couvent de Capucins fondé en 1578. De 1578-Révolution, à la prov. de Touraine. — *Bull. Cap.*, V, 391; **Lecestre**, 91; Bibl. cap., n°s 379, 383, 387, f. 134, 390, 454, 455, 456, 457, 461 f. 3, 464, 526; **Patron**, *Rech. hist. sur l'Orléanais*, I, 91; **Duchateau**, *Hist. du dioc. d'Orléans*, 262, 293, 322, 352; A. **Baillet** et A. **Cagneul**, *Les Capucins d'O.*, Orléans, 1910 (Extr. *Mém. Soc. Agr. Sc. Belles-Lettres et arts d'O.*).

PARTHENAY (Deux-Sèvres), ch.-l. d'arr. — Couvent de Frères Mineurs fondé avant 1269. De 1269-1771, à la prov. de Touraine. De 1771-Révolution, à la prov. des Conventuels de Touraine. — *Arch. francisc. hist.*, 1912, V, p. 385; **Eubel**, *Prov.*, 16; **Gonzaga**, 678; **Lecestre**, 76; *Ann. Min.*, IV, 342; Arch. dép. Deux-Sèvres, H 62 (1720); *État du Poitou sous Louis XIV*, 402; *Pouillé du dioc. de Poitiers*, 1782, 40; B. **Ledain**, *Hist. de la ville de P.*, 164.

— Couvent de Capucins fondé en 1619. De 1619-1780, à la prov. de Touraine. Supprimé par arrêt du Conseil d'État, 20 avril 1780. — *Bull. Cap.*, V, 391; **Lecestre**, 91; *État du Poitou sous Louis XIV*, 402; *Pouillé...*, 40; B. **Ledain**, *op. cit.*, 304-5; **Dedouvres**, *le P. Joseph*, dans *Rev. Fac. cath. Ouest*, 1916, 747-790.

— Couvent de Tiercelines. — H. **Beauchet-Filleau**, *Pouillé du dioc. de Poitiers* (pouillé de 1782), 185.

PLAISANCE, dans l'île de Terre-Neuve. — Mission des Récollets de Bretagne qui y remplacèrent leurs confrères d'Aquitaine en 1701. A la cession de Terre-Neuve aux Anglais, en 1713, religieux et habitants passèrent à l'Ile Royale. — **Courtecuisse**, *Tables capitulaires*, p. xxx.

POITIERS (Vienne). — Couvent de Frères Mineurs fondé en 1267 près du Palais. De 1269-1771, à la prov. de Touraine. De 1771-Révolution, à la prov. des Conventuels de Touraine. — L. **Rédet**, *Dict. topogr. de la Vienne*, 323; *Arch. francisc. hist.*, 1912, V, 335; **Eubel**, *Prov.*, 16; **Gonzaga**, 677; *Ann. Min.*, II, 197; IV, 124; V, 164, 227, 229; 525; *Cat. gén. des mss.*, XXV, Poitiers, col. Fonteneau, LVI, p. 31, 61; n° 547, f. 75, 149; **Lecestre**, 76; *Pouillé du dioc. de Poitiers*, 1782, 26; A. **Richard**, *L'Inscr. des Chaillé aux Cordeliers de P.*, dans *Bull. Soc. ant. Ouest*, 2e s., IV, 295-299.

— Couvent d'Observants, près du Marché Vieux, mentionné dans *État du Poitou sous Louis XIV*, 51.

— Couvent de Capucins fondé en 1609. De 1609-Révolution, à la prov. de Touraine. — *Bull. Cap.*, V, 391; **Lecestre**, 91; L. **Rédet**, *Dict. topogr. de la Vienne*, 323; *État du Poitou sous Louis XIV*, 52; *Pouillé...*, 36 (fait remonter la fondation à 1606); **Dedouvres**, *Le P. Joseph*, dans *Rev. Fac. cath. Ouest*, 1916, 747-790.

— Monastère de Tiercelines fondé en 1632. — L. **Rédet**, *Dict. topogr. de la Vienne*, 323; *État du Poitou sous Louis XIV*, 53; **Hermant**, II, 173; *Pouillé...*, 37.

POITOU. — Custodie de Frères Mineurs dans la prov. de Touraine. — **Eubel**, *Prov.*, 16.

PONS (Charente-Inférieure), arr. de Saintes, ch.-l. de c. — Couvent de Frères Mineurs sous le vocable de Notre-Dame, fondé avant 1269. De 1269-1771, à la prov. de Touraine. De 1771-Révolution, à la prov. des Conventuels de Touraine. — E BOUTARIC, *S. Louis et A. de Poitiers*, 465; *Arch. francisc. hist.*, 1912, V, 385; EUBEL, *Prov.*, 16; GONZAGA, 681; LECESTRE, 77; Arch. dép. Charente-Inf., H 86; *Ann. Min.*, IV, 368; L. AUDIAT, *le Dioc. de Saintes au* XVIIIe *s.*, 84-90; P. LEMONNIER, *le Clergé de la Charente-Inf. pendant la Révolution*, 107.

PONTIVY (Morbihan), ch.-l. d'arr. — Couvent de Frères Mineurs fondé en 1456. De 1456-1517, à la vicairie des Observants de Bretagne. De 1517-Révolution, à la prov. de Bretagne. Il devint récollet en 1630. — GONZAGA, 889; J. LE MENÉ, *Les Min. de l'Observance*, dans *Bull. Soc. polym. Morbihan*, 1906, 192-198; COURTECUISSE, *Tables capitulaires*, p. XVI; LECESTRE, 100; J. MOISAN, *La Propriété eccl. dans le Morbihan*, 164-165.

PONTS-DE-CÉ (LES) (Maine-et-Loire), arr. d'Angers, ch.-l. de c. — Monastère de Tiercelines fondé par celui de Cholet en 1622; passé en 1630 aux Clarisses Urbanistes, des religieuses de la Patience de Laval introduisirent la règle de s. Claire. Il subsista jusqu'à la Révolution. — C. PORT, *Dict. hist. de Maine-et-Loire*, III, 155; *Cat. gén. des mss.*, XXXI, Angers, nº 885 (Hist. du couv.); C. PORT, *Inv. anal. Arch. anc. mairie Angers*, BB 66, fol. 163; *Pouillé dioc. Angers*, 1783, 287; L. BESNARD, *Un Monastère de Clarisses à Beaumont-le-Vicomte*, 9-11; A. BRETAUDEAU, *Hist. des P. de Cé.*, 361-399; ARMEL D'ÉTEL, *Les Franciscains de Maine-et-Loire pendant la Révolution*, Angers, 1908 (Extr. *Revue de l'Anjou*).

PORT-LOUIS (Morbihan), arr. de Lorient, ch.-l. de c. — Couvent de Récollets fondé en 1653. De 1653-Révolution, à la prov. de Bretagne. — J. LE MENÉ, *Les Min. de l'Observance, Port-Louis*, dans *Bull. de la Soc. polymathique du Morbihan* (Mémoires), 1906, 175-181; J. BLAREZ, *Le Couv. des Réc. de Port-Louis*, dans *La France franciscaine*, VI, Paris, 1923, 190; COURTECUISSE, *Tables capitulaires*, p. VIII; LECESTRE, 100; Arch. dép. Ille-et-Vilaine, C 1246; J. MOISAN, *La Propriété eccl. dans le Morbihan*, 167.

PORT-ORLÉANS (Canada), dans l'Ile-Royale. — Couvent de Récollets de la prov. de Bretagne mentionné en 1733. — COURTECUISSE, *Tables capitulaires*, p. XXX.

POZAY-LE-VIEL (Vienne), arr. de Chatellerault, cant. de Pleumartin, comm. de La Roche-Pozay. — Monastère de Tiercelines fondé en 1641. — Ms. de la Chambre des Députés, nº 341, f. 7 (Bulles); L. REDET, *Dict. topogr. de la Vienne*, 329; H. BEAUCHET-FILLEAU, *Pouillé du dioc. de Poitiers* (pouillé de 1782), 185; LALANNE, *Hist. de Châtellerault*, II, 169-176.

PRÉCIGNÉ (Sarthe), arr. de La Flèche, cant. de Sablé. — Couvent de Frères Mineurs fondé avant 1618. De 1610 à 1769, à la prov. de Touraine-Pictavienne. Supprimé par décision du chapitre d'Ancenis. — HERMANT, II, 172; LECESTRE, 75; *Pouillé dioc. Angers*,

1783, 287 ; Coll. Fonteneau à la bibl. de Poitiers, XVIII, 231 (Copie à la Bibl. nat., ms. lat. 18393) ; *Cat. gén. des mss.*, XXXI, Angers, n° 872 (notice hist.) ; A. Ledru, *Les Cordeliers de Notre-Dame de la Salle*, 1876, in-8° (Extr. *Revue hist. et archéol. du Maine*).

PUY-NOTRE-DAME (LE) (Maine-et-Loire), arr. de Saumur, cant. de Montreuil-Bellay. — Monastère de Cordelières. — C. Port, *Dict. de Maine-et-Loire*, t. III, p. 204.

QUIMPER (Finistère). — Couvent de Frères Mineurs fondé en 1232. De 1232 à 1240, probablement à la prov. de France. De 1240-1771, à la prov. des Fr. Min. de Touraine. De 1771-Révolution, à la prov. des Conventuels de Touraine. — Eubel, 16 ; Gonzaga, 676 ; Lecestre, 76 ; *Ann. Min.*, II, 303 (an. 1232) ; Bigot, *Not. architectonique sur l'ancienne église des Cordeliers de Qu., ... des causes qui en ont amené la démolition*, dans *Bull. Soc. arch. Finistère*, X, 199-205 ; Trévédy, *Not. sur les nécrologes du couvent de Saint-François de Qu.* (extr. *Bull. Soc. arch. Fin.*, XI) ; Jean Beaujouan, *Notice sur l'ancien couv. des Francisc. de Qu.*, dans *Bull. Soc. arch. Fin.*, XII, 3-19 ; Trévédy, *Derniers débris du couv. de S. Fr. de Qu.*, dans *Bull. Soc. arch. Fin.*, XIV, 3-16 ; Trévédy, *Ce qui reste des anciens nécrologes du couv. de S. Fr. de Qu.* (Extr. *Bull. Soc. arch. Fin.*, XV) ; J. Trévédy, *Le Couv. de S. Fr. de Qu., fondation du couv.* [xiiie s.] (extr. *Bull. Soc. arch. Fin.*, XVII) ; J. Trévédy, *Le Couv. de S. Fr. de Qu., quelques épisodes de son hist.*, dans *Bull. Soc. arch. Fin.*, XXI, 18-39, 65-79, 116-130, 145-159, 236-251 ; H. Waquet, *Nécrologe des Cordeliers de Qu.* (1681-1787), dans *Rev. d'hist. francisc.*, II, 1925, 35-59 ; Arch. dép. Finistère, 18 H 1-33 (1473-1773) ; Arch. dép. Ille-et-Vilaine, C 45, 565.

— Couvent de Capucins fondé en 1613 (en 1640, selon Toussaint de S. Luc, *Mém. sur l'état du clergé de Bretagne*, 110). De 1613-1629, à la prov. de Touraine. De 1629-Révolution, à la prov. de Bretagne. — *Bull. Cap.*, V, 395 ; Lecestre, 92 : Arch. dép. Finistère, 14 H 5 (Registre de vêture, 1746-1756) ; Arch. dép. Ille-et-Vilaine, C 1246 ; *Journal ou Relation d'une mission faite à Qu.*, par le R. P. Honoré de Cannes, Capucin..., Quimper, 1686.

— Monastère de Clarisses Urbanistes fondé en 1650, dissous en 1745. — Ogée, *Dict. hist. de Bretagne*, II, 422 ; *Archives de Bretagne*, IX, 120 ; Arch. dép. Finistère, 31 H 1-8 (1622-1790).

QUIMPERLÉ (Finistère), ch.-l. d'arr. — Couvent de Capucins fondé en 1653. De 1653-Révolution, à la prov. de Bretagne. — *Bull. Cap.*, V, 395 ; Lecestre, 92 ; Arch. dép. Finistère, 14 H 6-7 (1624-1790) ; A. de Blois, *Not. hist. sur la ville de Qu.*, 197-206.

RALLERIE (LA). — Couvent de Cordeliers. Cf. FOUGERAY (LE).

REDON (Ille-et-Vilaine), ch.-l. d'arr. — Projet de fondation d'un couvent d'Observants à Redon, en 1418, qui semble n'avoir pas abouti. — *Ann. Min.*, t. X, p. 294 ; Eubel, *Die Avignon. Obedienz*, p. 149, n° 1101.

RENNES (Ille-et-Vilaine). — Couvent de Frères Mineurs fondé en 1235. Jusqu'en 1240, à la prov. de France. De 1240 à 1771, à la prov. de Touraine. De 1771-Révolution, à la prov. des Conventuels de Touraine. — EUBEL, 16 ; GONZAGA, 675 ; LECESTRE, 76 ; P. DELABIGNE-VILLENEUVE, *Les Cordeliers de Rennes, époque de leur fondation*, Rennes, 1854 ; A. BOURDEAUT et BOURDE DE LA ROGERIE, *Nécrologe des Cordeliers de Rennes*, Rennes, 1928 (*Bull. de la Soc. archéol. d'Ille-et-Vilaine*, LIV, 1927, 113-141) ; *Ann. Min.*, V, 164 ; VI, 101 ; GUILLOTIN DE CORSON, *Pouillé hist. du dioc. de Rennes*, III, 131-138, *Archives de Bretagne*, VI, 279 ; IX, 7, 13 ; *Récit de ce qui s'est passé à la réforme des relig. de S. François à Rennes*, Rennes, 1644 (Bibl. mun. de Nantes, n° 38034) ; *Factum et arrêt du Conseil d'État, contre les Cordeliers de Rennes*, Rennes, 1646 ; *Mémoire sur les Cordeliers de Rennes*, 1644 (Bibl. nat., ms. fr. 3877, f. 303, 322) ; Arch. dép. Ille-et-Vilaine, C 60, 790, 1246 ; *Remarques sur le jugement rendu le 18 nov. 1648 touchant les différends d'entre les Cordeliers et les réformés, pour le couvent de Rennes* (Bibl. nat., 4° Lk⁷ 8225) ; OGÉE, *Rennes ancien*, III, 30-38.

— Couvent de Capucins fondé en 1602. De 1602-1629, à la prov. de Touraine. De 1629-Révolution, à la prov. de Bretagne. — *Bull. Cap.*, V, 395 ; LECESTRE, 92 ; Arch. dép. Ille-et-Vilaine, C 790 ; TOUSSAINT DE S. LUC, *Mémoires sur l'état du clergé de Bretagne*, 109 ; OGÉE, *op. cit.*, III, 45-47 ; GUILLOTIN DE CORSON, *op. cit.*, III, 116-118.

ROBINIÈRES (LES) (Charente-Inférieure), arr. de la Rochelle, cant. de Courçon, comm. de Saint-Sauveur de Nuaillé. — Couvent de Frères Mineurs fondé avant 1506. De 1506-1517, à la vicairie des Obs. de Touraine. De 1517-1771, à la prov. de Touraine-Pictavienne. De 1771-Révolution, à la prov. des Conventuels de Touraine. — GONZAGA, 692 ; F. HUEBER, *Menologium francisc.*, Munich, 1698, 143 ; HERMANT, II, 172 ; LECESTRE, 76.

ROCHEFORT (Charente-Inférieure), ch.-l. d'arr. — Couvent de Capucins fondé en 1670. De 1670-Révolution, à la prov. de Touraine. — *Bull. Cap.*, V, 391 ; LECESTRE, 91 ; Arch. comm. Rochefort, art. 248, 249, 256, 703, 713 (1727-1768) ; J.-J. VIAUD et E.-J. FLEURY, *Hist. de la ville et du port de R.*, I, 19-20, 24, 226, 243 ; P. LEMONNIER, *Le Clergé de la Charente-Inférieure pendant la Révolution*, 105.

ROCHELLE (LA) (Charente-Inférieure). — Couvent de Frères Mineurs fondé en 1228. De 1228-1240, probablement à la prov. de Provence. De 1240-1561, à la prov. de Touraine. En 1561 le couvent fut aliéné. Il était rétabli avant 1704. Subsista-t-il jusqu'à la Révolution ? Ce n'est pas sûr, car les textes invoqués peuvent s'appliquer au couvent de LAFOND (voir ce nom) transféré du faubourg dans la ville en 1631. La date de 1704 est fournie par UBALD D'ALENÇON, *L'Obituaire des Cordeliers d'Angers*, p. 64, couvent de la même province que celui de La Rochelle et en relations avec lui. La liste de Hermant (II, 172) en 1710 et celle de L. Lecestre, en 1768, n'indiquent qu'un seul couvent à La Rochelle. — EUBEL, 16 ; GONZAGA,

680; C. Gelézeau, *Glanes rochelaises*, Bordeaux, 1927. Cf. *Rev. d'hist. francisc.*, IV, 1927, 626; *Cat. gén. des mss.*, VIII, La Rochelle, n° 127, ff. 120-124; n° 132, f. 16; n° 139, ff. 12-21, 95-99; n° 250; n° 308, ff. 38-44; *État du Poitou sous Louis XIV*, 84; P. Lemonnier, *Le Clergé de la Charente-Inférieure pendant la Révolution*, 107.

ROCHELLE (LA) (Charente-Inférieure). — Couvent de Récollets, voir l'Aquitaine.

— Couvent de Capucins fondé en 1628. De 1628-Révolution, à la prov. de Touraine. — *Bull. Cap.*, V, 391; Lecestre, 91; C. Gelézeau, *Glanes rochelaises*, 37; *État du Poitou sous Louis XIV*, 84; P. Lemonnier, *op. cit.*, 105.

— Monastère de Clarisses fondé en 1306, abandonné à l'époque des troubles des Protestants et rétabli en 1563. — Gonzaga, 680; *Ann. Min.*, VI, 431, 454, 455; Eubel, *Die Avignon. Obedienz*, 105, n° 852; *Cat. gén. des mss.*, VIII, La Rochelle, n° 127, f. 128-134; n° 132, f. 22-24; XLI, n° 1119 et 1126; Arch. dép. Charente-Inférieure, E suppl. 22 159, 178, 267, 1041, 1156, 1157, 1158; G 163, 164; H 90; *État du Poitou sous Louis XIV*, 84; P. Lemonnier, *op. cit.*, 110.

ROCHEPOZAY (LA), voir POZAY-LE-VIEIL.

ROMORANTIN (Loir-et-Cher), ch.-l. d'arr. — Couvent de Capucins fondé en 1614. De 1614-Révolution, à la prov. de Touraine. — *Bull. Cap.*, V, 391; Lecestre, 91; Arch. comm. Romorantin, GG 84 (1767-1778); Duchateau. *Hist. du dioc. d'Orléans*, 283; A. Dupré, *Rech. hist. sur R.*, 28.

ROSCOFF (Finistère), arr. de Morlaix, cant. de Saint-Pol-de-Léon. — Couvent de Capucins fondé en 1621. De 1621-1629, à la prov. de Touraine. De 1629-Révolution, à la prov. de Bretagne. — *Bull. Cap.*, V, 395; Lecestre, 92; Arch. dép. Finistère, 14 H 8-10 (1609-1749); Toussaint de S. Luc, *Mém. sur l'état du clergé de Bretagne*, 109.

RUFFEC (Charente), ch.-l. d'arr. — Couvent de Capucins fondé en 1636. De 1636-Révolution, à la prov. de Touraine. — *Bull. Cap.*, V, 391; Lecestre, 91; *Études francisc.*, XII, 314; J. Nanglard, *Pouillé hist. du dioc. d'Angoulême*, III, 283-4.

SABLÉ (Sarthe), arr. de La Flèche, ch.-l. de c. — Monastère de Tiercelines fondé en 1631, qui persista jusqu'à la Révolution. — *Études francisc.*, 1904, XI, 214; Bibl. Cap., p. 47, 48, 90; L. Besnard, *Un Mon. de Clarisses à Beaumont-le-Vicomte*, 4, n. 5; J.-R. Pesche, *Dict. stat. Sarthe*, IV, 739.

SABLES D'OLONNE (Vendée), ch.-l. d'arr. — Couvent de Capucins fondé en 1616. De 1616-1648, à la prov. de Touraine. De 1648-Révolution, à la prov. de Bretagne. — *Bull. Cap.*, V, 395; Lecestre, 92; *État du Poitou sous Louis XIV*, 419.

— Voir OLONNE, couvent de Cordeliers.

SAINT-AIGNAN-DES-NOYERS (Cher), arr. de Saint-Amand, cant.

de Sancoins. — Couvent de Capucins fondé en 1616. De 1616-Révolution, à la prov. de Touraine. — *Bull. Cap.*, V, 391; LECESTRE, 90; J.-J. DELORME, *Hist. de la ville de S.-A.*, 75 (fixe la fondation en 1621).

SAINT-BRIEUC (Côtes-du-Nord). — Couvent d'Observants fondé en 1451. De 1451-1517, à la vicairie des Observants de Bretagne. De 1517-1664, à la province de Bretagne. De 1664-1771, à la prov. de Touraine. De 1771-Révolution, à la prov. des Conventuels de Touraine. — *Ann. Min.*, XII, 238; XV, 129, 530; GONZAGA, 890; GESLIN DE BOURGOGNE, *Les anciens évêchés de Bretagne*, Saint-Brieuc, 1855, I, 304-306; COURTECUISSE, *Tables capitulaires*, p. XIV, XXXIX; Arch. dép. Finistère, 23 H 1. HERMANT, *Hist. des Ordres rel.*, II, 407.

— Couvent de Capucins fondé en 1615. De 1615-1629, à la prov. de Touraine. De 1629-Révolution, à la prov. de Bretagne. — *Bull. Cap.*, V, 395; LECESTRE, 92; GESLIN DE BOURGOGNE, *Les anc. év. de Bretagne*, I, 306.

SAINT-FLORENT-LE-VIEIL (Maine-et-Loire), arr. de Cholet, ch.-l. de c. — Monastère de Tiercelines, fondé vers 1641 sous le titre de Sainte-Élisabeth. L'aumônier est un Cordelier. — C. PORT, *Dict. hist. de Maine-et-Loire*, III, 368; Ch. de MONTZEY, *Hist. de la Flèche*, II, 344; ARMEL D'ÉTEL, *Les Franciscains de Maine-et-Loire pendant la Révolution*, Angers, 1908 (Extr. *Revue de l'Anjou*); *Pouillé dioc. Angers*, 1783, 287.

SAINT-GILLES, dans la forêt de Chambiers, voir DURTAL.

SAINT-GILLES-SUR-VIE (Vendée), arr. des Sables d'Olonne, ch.-l. de cant. — Monastère de Cordelières fondé en 1645. — *Cat. gén. des mss.*, XXV, Poitiers, Coll. Fonteneau, LXIV, 739; LA FONTENELLE, *Hist. du mon. et des év. de Luçon*, 478; PONDEVIC, *St-G. sur Vie*, 28.

SAINT-JEAN-D'ANGÉLY (Charente-Inférieure), ch.-l. d'arr. — Couvent de Frères Mineurs fondé en 1225. De 1225-1240, à la prov. de Provence. De 1240-1247, à la prov. d'Aquitaine. De 1247-1771, à la prov. de Touraine (malgré un court séjour à la vicairie des Observants de Touraine, de 1408 à 1418). De 1771-Révolution à la prov. des Conventuels de Touraine. — EUBEL, 16; GONZAGA, 681; *Ann. Min.*, III, 188, 474; VII, 292; *Gall. christ.*, II, 1073; HOLZAPFEL, *Manuale hist. Ord. Min.*, 92, 93; Arch. dép. Charente-Inf., H 88; H suppl. 255, 346-358; LECESTRE, 77; Arch. comm. St-J. d'Angely, BB 69, CC 8, GG 44; L.-F. GUILLONNET-MERVILLE, *Rech. top. sur S.-J. d'A.*, 11, 39.

— Couvent de Capucins fondé entre 1619 et 1626 (en 1576-1633, selon P. FLEURY, *Le Couv. des Cap. à Marans*, 6-8). De 1619-Révolution, à la prov. de Touraine. — *Bull. Cap.*, V, 391; LECESTRE, 91; L.-F. GUILLONNET-MERVILLE, *op. cit.*, 11, 40; DEDOUVRES, *le P. Joseph*, dans *Rev. Fac. Cath. Ouest*, 1916, 747-790.

SAINT-MAIXENT (Deux-Sèvres), arr. de Niort, ch.-l. de c. — Couvent de Frères Mineurs fondé avant 1269. De 1269-1771, à la prov. de Touraine. De 1771-Révolution, à la prov. des Conventuels de Touraine. — EUBEL, 16; GONZAGA, 678; *Ann. Min.*, V, 422; *Études francisc.*, 1901, VI, 79; *Arch. francisc. hist.*, V, 1912, 385; LECESTRE, 76; *État du Poitou sous Louis XIV*, 409; *Pouillé du dioc. de Poitiers*, 1782, 39; B. LEDAIN, *Dict. top. des Deux-Sèvres*, 252; DEDOUVRES, le *P. Joseph*, dans *Rev. Fac. cath. Ouest*, 1916, 747-790.

— Couvent de Capucins fondé en 1614. De 1614-Révolution, à la prov. de Touraine. — *Bull. Cap.*, V, 391; LECESTRE, 91; Arch. comm. S. Maixent, BB 2-3, GG 45 (1613-1766); *État du Poitou sous Louis XIV*, 409; *Pouillé...*, 39; B. LEDAIN, *loc. cit.*

SAINT-MALO (Ille-et-Vilaine), ch.-l. d'arr. — Couvent de Récollets fondé en 1618. De 1618-1688, à la prov. de Bretagne. De 1688-Révolution, à la prov. de la Madeleine d'Anjou. — LECESTRE, 105; COURTECUISSE, *Tables capitulaires*, p. XXIII; Arch. dép. Finistère, 23 H 1; Arch. dép. Ille-et-Vilaine, C 23, 1246, 1258; Arch. comm. S. Malo, LL 138; GUILLOTIN DE CORSON, *Pouillé hist. du diocèse de Rennes*, III, 166-168; P. BANÉAT, *le Dép. d'Ille-et-Vilaine*, III, 587-588.

— Couvent de Capucins fondé en 1612. De 1612-1629, à la prov. de Touraine. De 1629-Révolution, à la prov. de Bretagne. — *Bull. Cap.*, V, 395; LECESTRE, 92; GUILLOTIN DE CORSON, *dioc. de Rennes*, III, 119-120; Arch. dép. Ille-et-Vilaine, C 1246; Arch. comm. S. Malo, CC 4, DD 1, LL 136.

SAINT-MARTIN-DE-RÉ (Charente-Inférieure), dans l'île de Ré. — Couvent de Capucins fondé en 1626. De 1626-Révolution, à la prov. de Touraine. — *Bull. Cap.*, V, 391; LECESTRE, 91; P. FLEURY, *Le Couv. des Cap. à Marans*, 6; Dr KEMMERER, *Hist. de l'île de Ré*, II, 172-181; P. LEMONNIER, *Le Clergé de la Charente-Inf. pendant la Révolution*, 106.

SAINT-MARTIN-DE-TEILLÉ (Loire-Inférieure), arr. et cant. de Châteaubriant, comm. de Ruffigné. — Couvent d'Observants fondé en 1428. Jusqu'en 1517, à la vicairie des Observants de Touraine. De 1517-1771, à la prov. de Touraine-Pictavienne. De 1771-Révolution, à la prov. des Conventuels de Touraine. — GONZAGA, 693; D. MORICE, *Mém. hist. de Bretagne*, III, 857; OGÉE, *Dict. hist de Bretagne*, II, 163, 692; LECESTRE, 76; F. HUEBER, *Menologium franciscanum*, Munich, 1698, 143; Arch. dép. Loire-Inf., H 295 (1779); TOUSSAINT DE S. LUC, *Mémoires sur l'état du clergé de Bretagne*, I, 107; P. GRÉGOIRE, *État du dioc. de Nantes en 1790*, II, 36-7; FLAVIEN DE BLOIS, *Stat. des Francisc. dans la Loire-Inf.*, 10; TRAVERS, *Hist. de Nantes*, I, 526; C. GOUDÉ, *Hist. de C.*, 117-118.

SAINT-SERVAN (Ile-et-Vilaine), arr. de Saint-Malo, ch.-l. de c. — Couvent de Récollets fondé en 1694 à la place du couvent de Césambre. De 1694-Révolution, à la prov. de la Madeleine d'Anjou. — GUILLOTIN DE CORSON, *Pouillé du dioc. de Rennes*, III, 168-169. Arch. comm. S. Servan, BB 1, fol. 40 (9 mars 1694).

SAINTE-CATHERINE-DE-BLAVET (Morbihan) ile située dans la rade actuelle de Lorient, sur la côte de Riantec. — Couvent d'Observants fondé en 1447. De 1447-1517, à la vicairie des Observants de Bretagne. De 1517-1649 à la prov. de Bretagne. De 1649-Révolution, à la prov. des Observants et Récollets de Bretagne. — GONZAGA, 888; TOUSSAINT DE S. LUC, *Mém. sur l'état du clergé de Bretagne*, 103 ; J. LE MENÉ, *Les Min. de l'Observance*, *Sainte-Catherine*, dans *Bull. Soc. Polym. Morbihan*, 1906, Mémoires, 170-175 ; LECESTRE, 100 ; COURTECUISSE, *Tables capitulaires*, p. v, XXXIX ; Arch. dép. Finistère, 23 H 28 (1450 [copie]-1716).

SAINTE-TRINITÉ (LA). — Custodie de Récollets établie dans la province de Touraine vers 1641 et éteinte avant 1710.

SAINTES (Charente-Inférieure), ch.-l. d'arr. — Couvent de Frères Mineurs fondé avant 1269. De 1269-1771, à la prov. de Touraine. De 1771-Révolution, à la prov. des Conventuels de Touraine. — EUBEL, 16 ; GONZAGA, 680 ; *Ann. Min.*, VII, 72, 588 ; *Arch. francisc. hist.*, V, 1912, 385 ; [L. AUDIAT,] *Saint-Pierre de Saintes*, Saintes, 1871, 35, 84, 85 ; LECESTRE, 77 ; Arch. dép. Charente-Inf., B 489, 781 ; H 89 ; L. AUDIAT, *Le Dioc. de Saintes au* XVIIIe *s.*, 37-43 ; P. LEMONNIER, *Le Clergé de la Charente-Inférieure pendant la Révolution*, 107.

— Récollets et Clarisses, voir l'Aquitaine.

SAINTONGE. — Custodie de Frères Mineurs dans la province de Touraine. — EUBEL, 16 ; GONZAGA, 678.

SAUMUR (Maine-et-Loire), ch.-l. d'arr. — Couvent de Frères Mineurs fondé avant 1226. De 1226-1240, probablement à la prov. de France. De 1240-1771, à la prov. de Touraine. De 1771-Révolution, à la prov. des Conventuels de Touraine. — EUBEL, 15 ; GONZAGA, 672 ; *Ann. Min.*, V, 95 ; D. MORICE, *Mém. hist. de Bretagne*, I, 1189, 1195 ; C. PORT, *Dict. hist. de Maine-et-Loire*, I, 220 ; III, 361, 491, 492, 507 ; LECESTRE, 75 ; *Pouillé dioc. Angers*, 1783, 285 ; Coll. Fonteneau, à la bibl. de Poitiers, XVIII, 231 (Copie à la Bibl. nat., ms. lat. 18393) ; ARMEL D'ÉTEL, *Les Franciscains de Maine-et-Loire pendant la Révolution*, Angers, 1908 (Extr. *Revue de l'Anjou*).

— Couvent de Récollets fondé en 1603. De 1603-1612, à la custodie des Récollets dans la prov. de Touraine. De 1612-1619, à la prov. de Saint-Denis. De 1619-Révolution, à la prov. de la Madeleine. — *Ann. Min.*, XXV, 6 ; HERMANT, *Hist. des Ordres rel.*, II, 415 ; LECESTRE, 105 ; C. PORT, *op. cit.*, III, 480, 492 ; ARMEL D'ÉTEL, *op. cit.*

— Couvent de Capucins fondé en 1608. De 1608-Révolution, à la prov. de Touraine. — *Bull. Cap.*, V, 391. LECESTRE, 90 ; *Études francisc.*, XII, 311 ; C. PORT, *op. cit*, III, 492 ; UBALD D'ALENÇON, *Not. hist. sur les FF MM. Cap. de S.* (1600-1791), Angers, 1904 (Extr. de *Revue de l'Anjou*) ; ARMEL D'ÉTEL, *loc. cit.*

SAVENAY (Loire-Inférieure), ch.-l. d'arr. — Couvent d'Observants fondé en 1418. De 1418-1517, à la vicairie observante de Touraine. De 1517-1771, à la prov. de Touraine-Pictavienne. De 1771-Révolution, à la prov. des Conventuels de Touraine. — GONZAGA, 689; F. HUBBER, *Menologium franciscanum*, 143; OGÉE, *Dict. de Bretagne*, II, 889, 890; *Archives de Bretagne*, VI, 29; VII, 8; Bibl. nat., ms. fr. 22319, f. 237; 22325, f. 959; LECESTRE, 76; Arch. dép. Loire-Inf., H 203 (xve s. 1788); P. GRÉGOIRE, *État du dioc. de Nantes en 1790*, II, 34-5; FLAVIEN DE BLOIS, *Stat. des Francisc. dans la Loire-Inf.*, 9-10; TRAVERS, *Hist. de Nantes*, I, 516; F. LEDOUX, *Hist. de S.*, 17-19.

SAVENAY (Loire Inférieure). — Monastère de Clarisses Urbanistes sous le vocable de St-François, fondé à la fin du xve siècle, mentionné par TRESVAUX, *L'Église de Bretagne*, Paris, 1839, 618. — Arch. dép. Loire-Inf., H 427 (1767-86); P. GRÉGOIRE, *op. cit.*, II, 58-9; F. LEDOUX, *op. cit.*, 15-17.

SULLY-SUR-LOIRE (Loiret), arr. de Gien, ch.-l. de c. — Couvent d'Observants fondé avant 1680. Jusqu'en 1771, à la prov. de Touraine-Pictavienne. De 1771-Révolution, à la prov. des Conventuels de Touraine. — PELLETIER, *Notice sur les Cordeliers de Bellegarde*, Orléans, 1868, 7, 12; LECESTRE, 76; PATRON, *Rech. hist. sur l'Orléanais*, II, 586; DUCHATEAU, *Hist. du dioc. d'Orléans*, 263; Dr BOULLET, *Sully*, 26.

THOUARS (Deux-Sèvres), arr. de Bressuire, ch.-l. de c. — Couvent de Frères Mineurs fondé en 1330. De 1330-1771, à la prov. de Touraine. De 1771-Révolution, à la prov. des Conventuels de Touraine. — GONZAGA, 678; LECESTRE, 76; *Cat. gén. des mss.*, XXV, Poitiers, Coll. Fonteneau, LIV, 593; Arch. dép. Deux-Sèvres, H 63 (1488); *État du Poitou sous Louis XIV*, 421; *Pouillé du dioc. de Poitiers*, 1782, 40; BEAUCHET-FILLEAU, *Pouillé du dioc. de Poitiers*, 186; H. IMBERT, *Hist. de Th.*, 133-135; B. LEDAIN, *Dict. top. des Deux-Sèvres*, 273 (fixe la fondation à 1358).

— Couvent de Capucins fondé en 1620. De 1620-Révolution, à la prov. de Touraine. — *Bull. Cap.*, V, 391; LECESTRE, 91; *État du Poitou sous Louis XIV*, 421; *Pouillé*, 40; H. BEAUCHET-FILLEAU, *loc. cit.* (fait remonter la fondation à 1616); H. IMBERT, *op. cit.*, 192; B. LEDAIN, *loc. cit.*

— Monastère de Clarisses venues de Lucinge-sur-Dive, fondé en 1652, supprimé en 1746. — UBALD D'ALENÇON, *L'Obituaire des Cordeliers d'Angers*, 50; Arch. nat., G9 166 (doss. 11), xviiie s. : *État du Poitou sous Louis XIV*, 422; *Pouillé...*, 44; BEAUCHET-FILLEAU, *loc. cit.*; H. IMBERT, *op. cit.*, 291-292; B. LEDAIN, *loc. cit.*

TONNAY-CHARENTE (Charente-Inférieure), arr. de Rochefort, ch.-l. de c. — Couvent de Capucins fondé en 1656. De 1656-Révolution, à la prov. de Touraine. — *Bull. Cap.*, V, 391; LECESTRE, 91; J.-T. VIAUD et E.-J. FLEURY, *Hist. de Rochefort*, I, 19; D. LEMONNIER, *Le Clergé de la Charente-Inf. pendant la Révolution*, 106.

TOURAINE. — Province de Frères Mineurs fondée en 1239.

passée sous la juridiction du général des Conventuels en 1771, et éteinte à la Révolution.

TOURAINE. — Vicairie des Observants établie en 1415, devenue en 1517 la province de TOURAINE-PICTAVIENNE, soumise en 1771 à la juridiction du général des Conventuels et unie alors à la grande province de Touraine, éteinte comme elle à la Révolution. — Bibl. nat., 4° Fm 31406.

— Province de Capucins fondée en 1578 et éteinte à la Révolution. — On trouvera une indication des documents concernant cette province dans le *Catalogue des mss. de la bibl. francisc. prov.* [des Capucins], p. 22, 60, 65, 73, 86-92, 94, 98, 99, 100, 120, 190, 191 (Paris, 1902) ; Bibl. nat., ms. fr. 10564, ff. 154-220 ; Arch. nat., E 1903, p. 275 ; P. FLEURY, *Le Couv. des Cap. à Marans*, 12-15 ; A. GROSSE-DUPERRON, *Le Couv. des Cap. de Mayenne*, 38-44.

TOURS (Indre-et-Loire). — Couvent de Frères Mineurs fondé vers 1224. De 1224-1240, probablement à la prov. de France. De 1240-1771, à la prov. de Touraine. De 1771-Révolution, à la prov. des Conventuels de Touraine. — EUBEL, 15 ; GONZAGA, 672 ; *Ann. Min.*, II, 108 ; III, 445 ; IV, 31 ; V, 150, 189, 249; TH. D'ECCLESTON, *De adventu Fr. Min. in Angliam*, Paris, 1909, 35 ; LECESTRE, 77; PIOLIN, *Hist. de l'égl. du Mans*, V, 16-17 ; CARRÉ DE BUSSEROLLE, *Dict. d'Indre-et-Loire*, VI, 284; Dr. E. GIRAUDET, *Hist. de la v. de T.*, I, 107, 115, 120, II, 9, 31, 312.

— Couvent de Récollets fondé peu avant 1619. De 1619-Révolution, à la prov. de la Madeleine. — *Ann. Min.*, XXV, 347 ; HERMANT, *Hist. des Ordres rel.*, II, 415 ; LECESTRE, 105 ; J. DENAIS, *Obituaire des Réc. de 1626-1790*, Tours, 1878, gr. in-8° ; Dr GIRAUDET, *op. cit.*, II, 119, 154, 359 ; CARRÉ DE B., *op. cit.*, VI, 291-3.

— Couvent de Capucins fondé en 1601. De 1601-Révolution, à la prov. de Touraine. — *Bull. Cap.*, V, 391 ; LECESTRE, 91 ; *Études francisc.*, XIV, 328; *Relation fidèle de ce qui s'est passé en la constr. du couv. des P. Cap. de Tours*, 160 (Bibl. nat. 4° Lk[7] 9853) ; CARRÉ DE B., *op. cit.*, VI, 284 ; Dr GIRAUDET, *op. cit.*, II, 103, 153.

— Monastère des Capucines fondé vers 1637. — *Bull. Cap.*, V, 71-73, 392; *Cat. des mss. de la bibl. prov. des Cap.*, 130-132, 165, 182 ; Dr. GIRAUDET, *op. cit.*, II, 156 (fait remonter la fondation à 1533).

TRÉGUIER (Côtes-du-Nord), arr. de Lannion, ch.-l. de c. — Couvent d'Observants fondé en 1483. De 1483-1517, à la vicairie observante de Bretagne. De 1517-Révolution, à la prov. de Bretagne. Il était passé aux Récollets en 1621. — GONZAGA, 889 ; *Ann. Min.*, XIV, 357 ; COURTECUISSE, *Tables capitulaires*, p. XIII, XXXV; A. GUILLON, *Essai hist. sur Tr.*, 100 ; HERMANT, *Hist. des Ordres rel.*, II, 415.

TRÉLEVERN (Côtes-du-Nord), île de la Manche, *Talerna*, encore mal identifiée, peut-être portant le même nom que la paroisse de Trélevern située sur le continent à deux lieues de Tréguier. —

Couvent d'Observants fondé avant 1451 et qui subsista jusqu'en 1483. Il relevait de la vicairie observante de Bretagne. — GONZAGA, 889, 890; *Ann. Min.*, XII, 115, 552-554; XIV, 357; COURTECUISSE, *Tables capitulaires*, p. XIII.

TRIMOUILLE (LA) (Vienne), arr. de Montmorillon, ch.-l. de cant. — Monastère de Clarisses fondé en 1642. — Ms. 2417 de la Bibl. Mazarine; L. REDET, *Dict. topogr. de la Vienne*, 419; *Pouillé du dioc. de Poitiers*, 1782, 43.

VANNES (Morbihan). — Couvent de Frères Mineurs fondé en 1260. De 1260-1771, à la prov. de Touraine. De 1771-Révolution, à la prov. des Conventuels de Touraine. — EUBEL, 16; GONZAGA, 675; *Ann. Min.*, IV, 254; LECESTRE, 77; J. LE MENÉ, *Les Cordeliers de Vannes*, Vannes, 1895 (Extr. *Bull. Soc. polym. du Morbihan*); *Rev. hist. francisc.*, I, 209; E. FONSSAGRIVES, *Un ms. inédit de Dubuisson-Aubenay*, Vannes, 1927 (Extr. d'un Obituaire des Fr. Min. de Vannes); Arch. dép. Ille-et-Vilaine, C 704, 1246; J. MOISAN, *La Propriété eccl. dans le Morbihan*, 214, 217.

— Couvent de Capucins fondé en 1615 (en 1613, selon TOUSSAINT DE S. LUC, *Mém. sur l'état du clergé de Bretagne*, 109). De 1615-1629, à la prov. de Touraine. De 1629-Révolution, à la prov. de Bretagne. — *Bull. Cap.*, V, 395; LECESTRE, 93; Arch. dép. Ille-et-Vilaine, C 1246; J. LE MENÉ, *Les Capucins de Vannes*, Vannes, 1899 (Extr. *Bull. de la Soc. polym. du Morbihan*); J. MOISAN, *op. cit.*, 215.

VATAN (Indre), arr. d'Issoudun, ch.-l. de cant. — Couvent de Frères Mineurs au dioc. de Bourges fondé en 1455. Il appartenait à la custodie des Récollets de la Sainte-Trinité de 1641 à 1680 environ. En 1710 il était réintégré à la Touraine. En 1768 il faisait partie de la prov. récollette de La Madeleine d'Anjou. — GONZAGA, 674; LECESTRE, 105; HERMANT, *Hist. des Ordres religieux*, Rouen, 1710, II, 416; Arch. dép. Indre, H 742-744 (1455-1740); A. DESPLANQUE, *Mém. inédits sur V.*, 11-12 E.: HUBERT, *Dict. hist. de l'Indre*, 194.

VENDOME (Loir-et-Cher), ch.-l. d'arr. — Couvent de Frères Mineurs fondé en 1223. De 1226-1240, probablement à la prov. de France. De 1240-1771, à la prov. de Touraine. De 1771-Révolution, à la prov. des Conventuels de Touraine. — EUBEL, 15; GONZAGA, 670; *Ann. Min.*, II, 173; VI, 455; LECESTRE, 76; *Études francisc.*, 1901, VI, 79; 1906, XVI, 103, nº 47; *Cat. gén. des mss.*, III, nº 278; A. DUPRÉ, *Statistique rel. du Vendomois*, 10; St.-VENANT, *Dict. top. de l'arr. de Vendôme*, IV, 99-101; SIMON, *Hist. de V.*, III, 84-117.

— Couvent de Capucins fondé en 1606. De 1606-Révolution, à la prov. de Touraine. — *Bull. Cap.*, V, 391; LECESTRE, 90; St-VENANT, *op. cit.*, IV, 101-102.

VERTEUIL (Charente), arr. et cant. de Ruffec. — Couvent d'Observants fondé en 1471. Jusqu'en 1517, à la vicairie observante de Touraine. De 1517-1771, à la prov. de Touraine-Pictavienne. De

1771-Révolution, à la prov. des Conventuels de Touraine. — GONZAGA, 691 ; HUEBER, *Menologium francisc.*, 143 ; LECESTRE, 76 ; Arch. dép. Charente, C 23 ; E 842 ; H LII (Livre de comptes, 1782-1790) ; Arch. dép. Charente-Inf., G 174, 195 ; J. NANGLARD, *Pouillé hist. du dioc. d'Angoulême*, III, 284-6 ; *Pouillé du dioc. de Poitiers*, 1782, 40.

VÉZINS (Maine-et-Loire), arr. et cant. de Cholet. — Monastère Ste-Élisabeth, de Tiercelines, fondé vers le milieu du XVIIe siècle, subsista jusqu'à la Révolution. — C. PORT, *Dict. hist. de Maine-et-Loire*, I, 297 ; II, 281 ; III, 702 ; LOYER, *Les Congrégations choletaises de 1789 à 1802*, 10-11 ; ARMEL D'ÉTEL, *Les Franciscains de Maine-et-Loire pendant la Révolution*, Angers, 1908 (Extr. *Revue de l'Anjou*).

VIERZON (Cher), arr. de Bourges, ch.-l. de c. — Couvent de Capucins fondé en 1612. De 1612-Révolution, à la prov. de Touraine. — *Bull. Cap.*, V, 391 ; LECESTRE, 90 ; TOULGOET-TREANNA, *Hist. de V.*, 340.

VILAINES (Sarthe). — Couvent d'Observants de la prov. de Touraine-Pictavienne mentionné le 3 octobre 1612, dans la « Commission donnée au gardien des Cordeliers de Saumur, par les Pères de la custodie des réformés de la prov. de Touraine Poitevine assemblés en chapitre, aux fins de représenter aux Pères de cette province de renoncer à l'habitation des couvents de Précigné et de Vilaines et de leur remettre celui de Mirebeau ». — Coll. Fonteneau à la bibl. de Poitiers, XVIII, 231 (Copie à la Bibl. nat., ms. lat. 18393).

VIRON, au diocèse de Poitiers, voir OIRON.

VITRÉ (Ille-et-Vilaine), ch.-l. d'arr. — Couvent de Récollets fondé en 1612. De 1612-1619, à la prov. de Saint-Denys. De 1619-Révolution, à la prov. de la Madeleine d'Anjou. — *Ann. Min.*, t. XXV, p. 6 ; OGÉE, *Dict. hist. de Bretagne*, II, 974, 980 ; GUILLOTIN DE CORSON, *Pouillé du dioc. de Rennes*, III, 164-165 ; Bibl. de l'Arsenal, ms. 3847, 26°, p. 285-371 ; TOUSSAINT DE S. LUC, *Mém. sur l'état du clergé de Bretagne*, 110 ; P. PARIS-JALLOBERT, *Journ. hist. de Vitré*, 69, 585, etc.

Le Puy-en-Velay. — Impr. de *La Haute-Loire*.

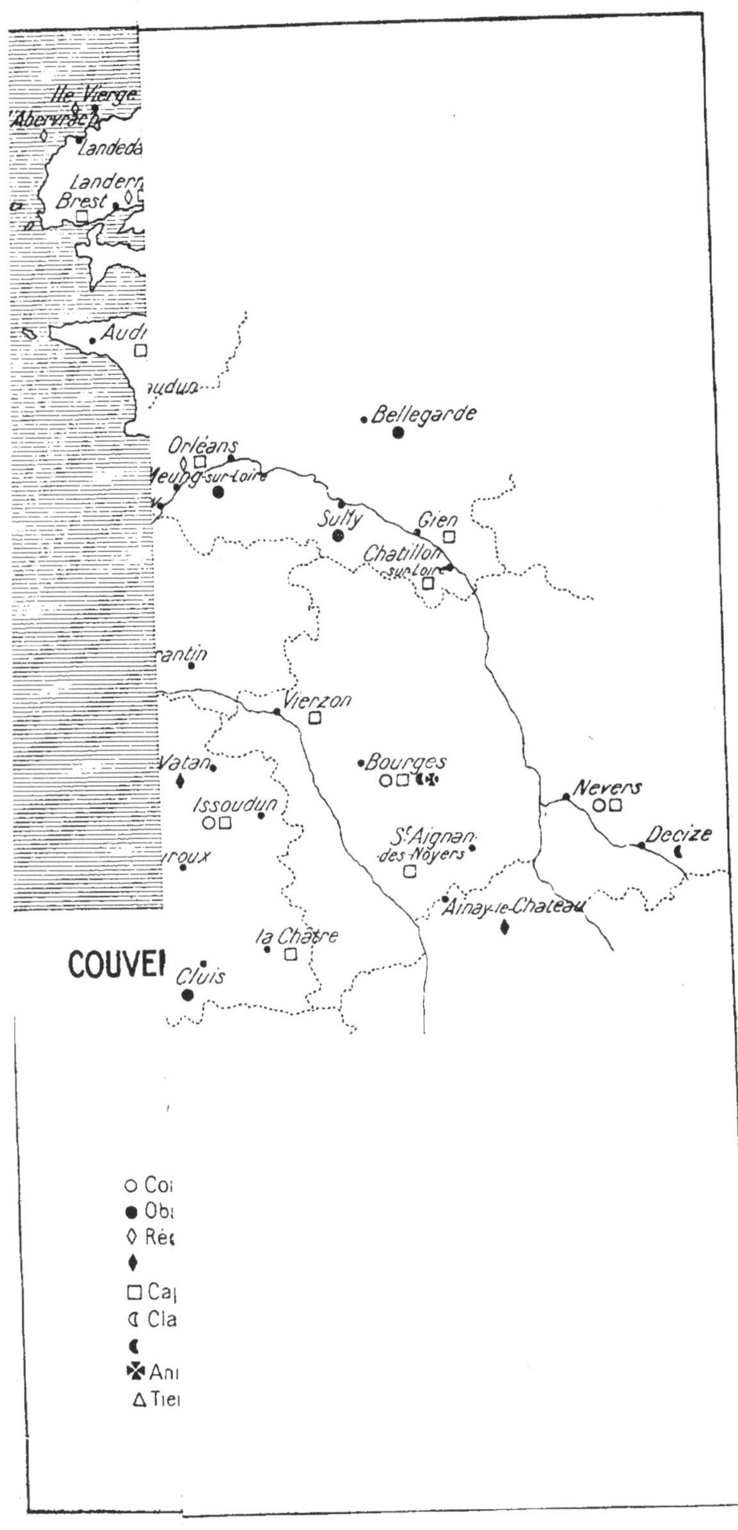
Ile Vierge
Brest
Bellegarde
Orléans
Meung-sur-Loire
Sully
Gien
Chatillon-sur-Loire
Vierzon
Vatan
Bourges
Nevers
Issoudun
Decize
St Aignan-des-Noyers
Ainay-le-Chateau
la Châtre
Cluis

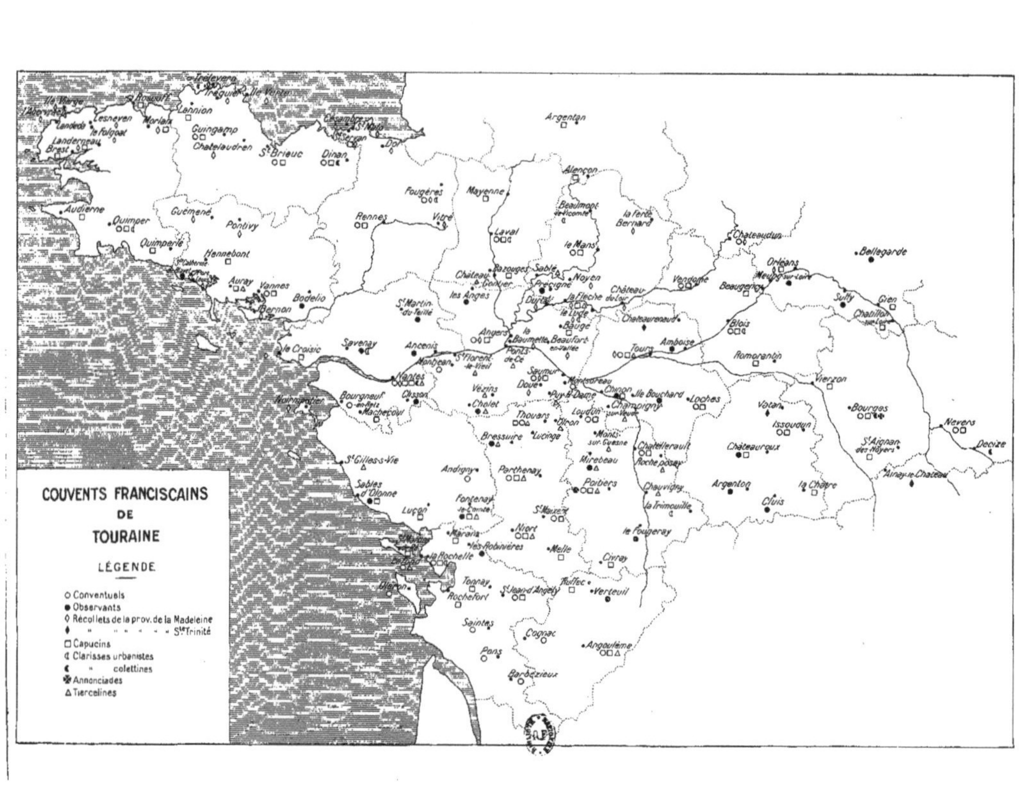
COUVENTS FRANCISCAINS
DE
TOURAINE
LÉGENDE
Conventuels
Observants
Récollets de la prov. de la Madeleine
" " " " " Ste Trinité
Capucins
Clarisses urbanistes
" colettines
Annonciades
Tiercelines
Argentan
Alençon
Fougères
Mayenne
Rennes
Vitré
Laval
le Mans
la Ferté Bernard
Châteaudun
Orléans
Bellegarde
Vendôme
Beaugency
Sully
Gien
Blois
Amboise
Tours
Romorantin
Vierzon
Bourges
Nevers
Decize
Issoudun
Châteauroux
Argenton
Cluis
la Châtre
Loches
Chinon
Champigny
Saumur
Angers
Ancenis
Nantes
Savenay
le Croisic
Clisson
Cholet
Bressuire
Thouars
Loudun
Mirebeau
Poitiers
Chatellerault
Parthenay
Fontenay-le-Comte
Luçon
Niort
Melle
Civray
Ruffec
Verteuil
la Rochelle
Rochefort
Saintes
Cognac
Angoulême
Pons
Barbezieux
Quimper
Quimperlé
Audierne
Pontivy
Hennebont
Auray
Vannes
Guingamp
Morlaix
Lannion
S.t Brieuc
Dinan
Dol
Brest
Landerneau
Lesneven
le Folgoat
Châtelaudren
Guémené
Bodelio
Sables d'Olonne
S.t Gilles-s-Vie
Noirmoutier
Bourgneuf en Retz
Machecoul
Oléron
Tonnay
S.t Jean d'Angely
Andigny
S.t Maixent
Marans
les Robinières
Vezins
Lucinge
Oiron
Doué
Montsoreau
Puy N.-Dame
Ile Bouchard
Roche posay
Chauvigny
la Trimouille
le Fougeray
Monts sur Guesne
Sablé
la Flèche
Baugé
Beaufort en Vallée
Ponts de Cé
la Baumette
Durtal
Château Gontier
les Anges
S.t Martin du Teillé
Montjean
Noyen
Château du Loir
Châteaurenaud
Valan
Ainay-le-Château
S.t Aignan des Noyers
Châtillon sur Loire
Meung sur Loire
Beaumont le Vicomte

www.ingramcontent.com/pod-product-compliance
Ingram Content Group UK Ltd.
Pitfield, Milton Keynes, MK11 3LW, UK
UKHW022135260726
13993UKWH00003B/1452